100장의 이미지로 끝내는

통합사회 1

100장의
이미지로 끝내는
통합사회

전보애, 김인철, 남중선, 범영우, 성정원, 오태훈, 채나미 지음

푸른길

『100장의 이미지로 끝내는 통합사회』에 담긴 100장의 사진은 통합사회 교과의 내용을 우리가 살아가는 지역과 사회, 그리고 중요한 역사적 순간과 자연스럽게 이어줍니다. 통합사회를 현실의 맥락 속에서 생생하게 느끼며 배우고 싶은 학생들에게 꼭 권합니다.

박선미 (인하대 사회교육과 교수, 한국지리환경교육학회장)

통합사회는 단순히 여러 교과 내용을 묶어놓은 과목이 아니라 학생들이 세계와 사회를 시간·공간·사회·윤리적 관점에서 통합적으로 이해하도록 돕는 핵심 교과입니다. 2015 개정 교육과정에서 처음 도입된 이후, 통합사회는 문·이과 구분을 넘어 모든 학생에게 필요한 '복합적 사고력'을 기르는 과목으로 자리 잡아 왔습니다. 특히 2022 개정 교육과정과 2028학년도 수능 체제에서는 그 중요성이 더욱 커지며, 교실에서는 이를 어떻게 효과적으로 가르치고 배울 것인가에 대한 깊은 고민이 이어져 왔습니다.

『100장의 이미지로 끝내는 통합사회』는 이러한 현장의 요구에 가장 직접적으로 응답한 책입니다. 통합사회 1, 2의 핵심 개념을 100장의 엄선된 이미지로 재구성하여, 학생들이 복잡한 개념을 시각적으로 이해하고 스스로 사고를 확장할 수 있도록 안내합니다. 이는 2022 개정 교육과정이 강조하는 '핵심 아이디어 중심의 깊이 있는 학습'과 정확히 맞닿아 있습니다. 이 책의 가장 큰 강점은 전문성과 협력에 있습니다. 교육과정 개발 경험이 풍부한 연구자와 현장 교사, 그리고 다양한 전공 검토진이 함께 참여함으로써 통합사회의 본질인 '융합적 관점'을 집필 과정 자체에서 구현해 냈습니다. 그 결과 교사에게는 실질적이고 신뢰할 수 있는 수업 도구가 되고, 학생들에게는 질문과 탐구를 이끌어내는 출발점이 되는 책으로 완성되었습니다.

통합사회가 요구하는 역량은 미래사회를 살아갈 모든 학생에게 필수적입니다. 이 책이 전국의 교실에서 그 역량을 길러주는 든든한 안내자이자 교사와 학생 모두에게 의미 있는 배움의 기반이 되기를 진심으로 기대합니다.

김형렬 (서울대 윤리교육과 교수)

이미지로 통합사회를 공부하면 어떨까요? 이미지로 상상력과 관찰력을 키워 보세요. 그리고 궁금한 것을 질문하며 토의해 보세요. 그렇게 여러분의 생각 주머니를 키우면 세상을 보는 눈이 더 넓어질 거예요. 『100장의 이미지로 끝내는 통합사회』 속에 빠져서 흐름을 따라가면 여러분의 사고력 키움에 큰 선물이 될 거예요.

유한상 (대전고 역사 수석교사)

세상을 융합적으로 바라보는 데 누구보다 깊은 애정을 가진 집필진이 엄선한 이미지들은 교과를 넘어 사고의 지평을 넓혀줍니다. 『100장의 이미지로 끝내는 통합사회』는 학생들이 '진짜 세상'을 더 깊고 넓게 이해하도록 이끄는 든든한 안내서입니다.

이정백 (거꾸로캠퍼스 교장, 일반사회 교사)

『100장의 이미지로 끝내는 통합사회』를 펴내며

변화하는 시대, 새로운 교육의 여정

2022 개정 교육과정이 고시되면서 우리 교육은 또 하나의 중요한 전환점을 맞이하였습니다. '포용성과 창의성을 갖춘 주도적인 사람'이라는 새로운 인간상 아래, 미래사회가 요구하는 역량을 함양하고 학습자 맞춤형 교육을 강화하는 방향으로 교육 체제가 혁신되고 있습니다. 특히 2028학년도 대학수학능력시험 개편과 함께 고교학점제가 전면 도입되면서, 통합사회는 문·이과 구분 없이 모든 학생이 필수로 이수해야 하는 공통과목으로서 그 중요성이 더욱 커졌습니다.

통합사회는 2015 개정 교육과정에서 처음 신설된 과목으로, 시간적 관점, 공간적 관점, 사회적 관점, 윤리적 관점 등 다양한 시각을 통합하여 사회와 인간의 삶, 그리고 환경을 입체적으로 바라보는 것을 목표로 합니다. 지리, 일반사회, 윤리, 역사 전공의 교수와 교사들이 머리를 맞대고 협력하여 개발한 이 과목은 학생들이 복잡한 사회 현상을 폭넓고 균형 잡힌 시각으로 사고하며 창의적 역량을 발휘할 수 있도록 설계되었습니다.

하지만 현장에서는 여전히 어려움이 있습니다. 처음 통합사회를 접하는 학생들은 물론, 이를 가르치는 교사들조차 여러 학문 영역이 융합된 내용을 효과적으로 전달하고 학습하는 데 어려움을 느끼고 있습니다. 특히 2022 개정 교육과정에서 통합사회1, 2로 개편되면서 보다 체계적이고 실질적인 교수-학습 자료에 대한 현장의 요구가 더욱 절실해졌습니다.

현장의 목소리에서 시작된 집필

『100장의 이미지로 끝내는 통합사회』는 바로 그러한 현장의 목소리에서 출발했습니다. 저희 집필진은 2015년 통합사회가 처음 신설될 때부터 교육부와 전국 17개 시·도 교육청에서 선도교원 연수 강사로 활동하면서 교사와 학생들이 진정으로 필요로 하는 것이 무엇인지를 끊임없이 고민해 왔습니다.

고등학교 1학년 교실에서 학습자 주도형 수업, 활동 중심 수업을 실천하고자 하는 교사들에게는 학생들의 흥미를 끌면서도 깊이 있는 사고를 이끌어낼 수 있는 교수-학습 자료가 필요했습니다. 또한 중학교

3학년에서 고등학교로 진학하는 학생들에게는 복잡한 개념을 직관적으로 이해하고 사고를 확장할 수 있는 학습 도구가 절실했습니다.

이러한 필요에 응답하기 위해, 저희는 통합사회의 핵심 내용을 100장의 엄선된 이미지로 압축하여 제시하는 방식을 선택했습니다. 통합사회 1과 통합사회 2를 각각 50장의 이미지로 정리하여, 학생들이 시각적으로 개념을 빠르게 파악하고 이를 바탕으로 확산적 사고를 전개할 수 있도록 구성하였습니다.

통합적 관점으로 설계된 구성

『100장의 이미지로 끝내는 통합사회』의 각 장은 통합사회의 주요 주제를 대표하는 하나의 이미지로 시작합니다. 이 이미지는 단순한 삽화가 아니라, 해당 주제의 핵심 개념을 함축하고 있는 사고의 출발점입니다. 학생들은 이미지를 보며 자연스럽게 호기심을 갖게 되고, '생각 넓히기'를 통해 개념을 확장하며, '깊이 들여다보기'를 통해 심화된 이해에 도달하게 됩니다.

이러한 구성은 2022 개정 교육과정이 강조하는 '깊이 있는 학습'의 원리를 충실히 반영한 것입니다. 소수의 핵심 아이디어를 중심으로 학습 내용을 엄선하고, 학생들이 스스로 학습 내용을 자신의 것으로 만들어 새로운 상황에 적용할 수 있도록 하는 것, 이것이 바로 역량 함양 교육의 핵심입니다.

전문성과 협력의 결실

이 책의 집필진은 통합사회 교육에 있어 국내 최고의 전문가들로 구성되어 있습니다. 저는 2022 개정 교육과정의 통합사회 교육과정 개발에 직접 참여하였으며, 공동 저자들 역시 2015년 통합사회가 신설된 이래 지속적으로 교육부 및 시·도 교육청 선도교원 연수를 담당해 온 현장 전문가들입니다.

더 나아가 저희 집필진 '세상을 연결하는 지리(세연지)'는 2015년부터 전국의 교사와 교수들이 모여 꾸준히 연구하고 답사하며 도서와 교구를 제작하는 전문적 학습공동체를 운영해 왔습니다. 그 결과물로 『세상을 담는 여행지리』, 「여행지리 이미지 카드」, 「통합사회(2015 개정) 카드 시리즈 1~9」 등을 개발하여 학교 현장에 보급해 왔으며, 이러한 경험과 노하우가 이 책에 고스란히 녹아들어 있습니다.

특히 이 책은 지리, 윤리, 일반사회, 역사 전공의 교사들이 외부 검토진으로 참여하여 통합적 관점에서 각 주제가 균형 있게 다루어지도록 세심하게 검토되었습니다. '국민과 함께하는 교육과정'이라는 2022 개정 교육과정의 정신처럼, 이 책 역시 다양한 교육 주체의 의견을 수렴하고 현장의 목소리를 충실히 반영한 협력의 산물입니다.

『100장의 이미지로 끝내는 통합사회』는 단순히 읽고 암기하는 교재가 아닙니다. 100장의 이미지 하나하나가 사고의 씨앗이 되어 학생들 스스로 질문하고 탐구하며 토론할 수 있는 출발점이 되기를 바랍니다. 교사들에게는 창의적이고 활동적인 수업을 설계하는 데 실질적인 도움이 되기를 희망합니다.

이 책과 함께 「100장의 이미지로 끝내는 통합사회 1 카드」, 「100장의 이미지로 끝내는 통합사회 2 카드」, 스티커 북 등을 함께 활용하시면 학습 효과가 배가될 것입니다. 카드는 모둠 활동이나 협력 학습에, 스티커 북은 개인 학습이나 복습에 활용할 수 있도록 구성하였습니다.

미래사회는 단편적인 지식의 암기가 아니라, 복합적인 문제를 다양한 관점에서 바라보고 창의적으로 해결하는 능력을 요구합니다. 통합사회는 바로 그러한 역량을 기르는 과목입니다. 이 책이 학생들에게는 통합사회를 즐겁게 배우는 길잡이가 되고, 교사들에게는 의미 있는 배움을 만들어가는 든든한 동반자가 되기를 진심으로 바랍니다.

끝으로 이 책이 나오기까지 도움을 주신 모든 분께 깊은 감사를 드립니다. 검토에 참여해 주신 전국의 통합사회 교사들, 그리고 무엇보다 현장에서 학생들과 함께 더 나은 수업을 만들어가고 계신 모든 선생님께 이 책을 바칩니다.

2026년 1월
저자들을 대표하여 전보애

Part

1

통합적 관점

Part

4

문화와 다양성

Part 1

통합적 관점

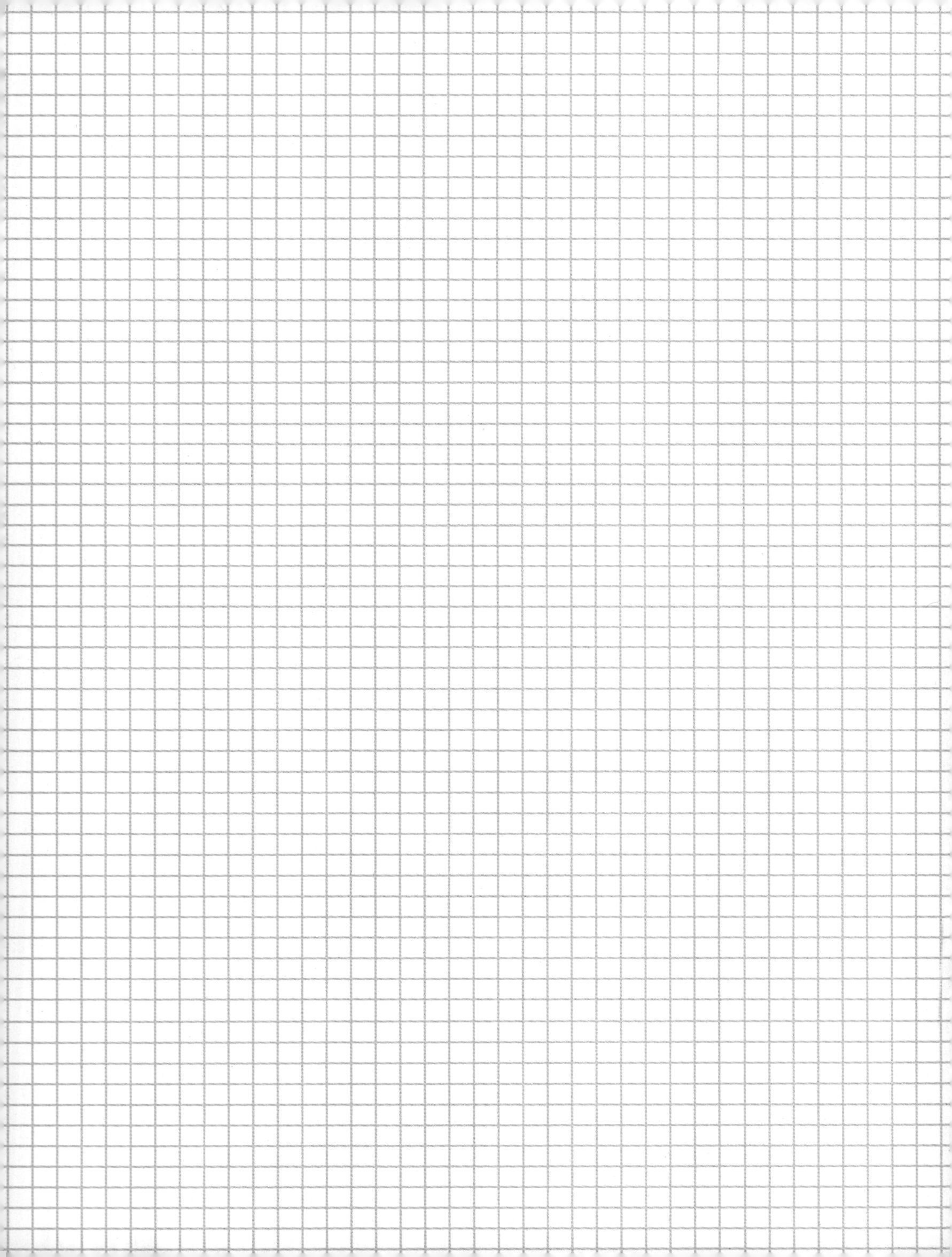

삶이란 항해를 위해 꼭 챙겨야 할 나침반

인간, 사회, 환경을 바라보는 다양한 관점

나침반과 함께 놓인 'Do what is right, not what is easy'라는 문장을 어떻게 해석할 수 있을까? '쉬운 일이 아니라 옳은 일을 하라'라고 해석되는 이 문장은 윤리적 관점의 본질을 상징적으로 보여준다. 나침반이 방향을 제시하듯, 윤리적 관점은 우리가 선택의 순간에 어떤 선택을 해야 하는지 올바른 방향을 알려준다. 그렇다면 우리는 일상에서 마주하는 수많은 선

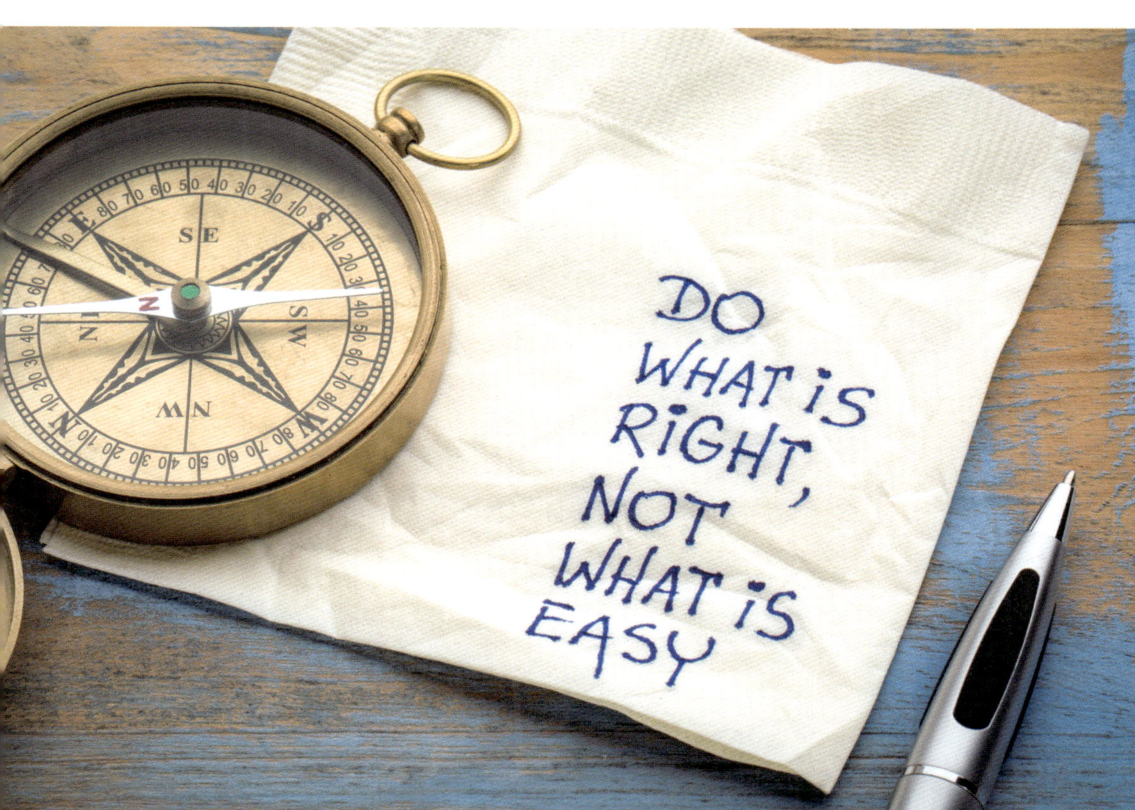

택의 순간에 '쉬운 길'과 '옳은 길' 중 어느 쪽을 선택하고 있을까? 만약 옳은 길이 더 어렵고 불편하다면 과연 나는 그 길을 선택할 수 있을까? 윤리적 관점은 마땅히 해야 할 일과 해서는 안 되는 일이 무엇인지 고려하여 도덕적으로 더 바람직한 것이 무엇인지 판단하게 한다. 윤리적 관점에서는 도덕적 가치와 규범을 고려하여 인간, 사회, 환경을 바라보는데, 이는 진정한 행복의 의미를 이해하고 바람직한 삶을 추구하기 위한 가치와 태도를 함양할 수 있도록 도움을 준다. 옳은 일을 선택하는 것이 때로는 힘들고 고통스러울 수도 있다. 하지만 결국 자신과 타인의 삶을 더 풍요롭고 의미 있게 만든다. 윤리적 관점은 우리에게 쉽고 편한 길 대신 올바른 길을 선택하도록 이끄는 나침반과 같다. 올바른 선택이 모여 더 나은 사회와 더 행복한 삶을 만들어간다. 따라서 윤리적 관점은 단순한 도덕적 규범을 넘어, 우리 삶의 방향을 잡아주는 중요한 기준임을 잊지 말아야 할 것이다.

 ## 생각 넓히기

윤리적 관점으로 평가해야 할 우리 사회의 현상과 문제로는 어떤 것이 있을까? 인공지능 기술의 발전은 사회 전반에 걸쳐 혁신적인 변화를 가져오고 있으나, 동시에 여러 윤리적 딜레마를 야기한다. 딥페이크와 같은 기술은 진실을 왜곡하고 개인의 명예를 훼손할 수 있으며, 인공지능 알고리즘의 편향은 채용, 대출, 사법 등 다양한 영역에서 차별을 심화시킬 수 있다. 또한 자율주행 자동차 사고와 같이 인공지능의

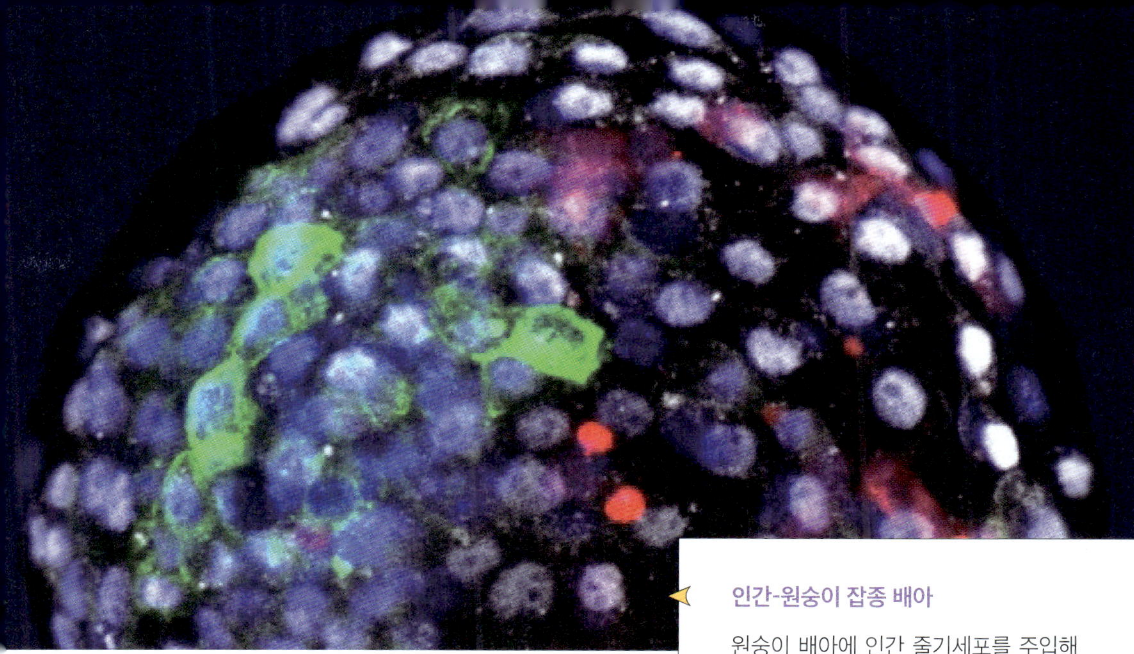

인간-원숭이 잡종 배아

원숭이 배아에 인간 줄기세포를 주입해 최초로 만들어진 인간-원숭이 잡종 배아를 형광 염색한 부분을 현미경으로 확대한 사진이다. 인간과 동물의 세포를 결합하는 키메라 실험은 생명 윤리에 있어서 큰 논쟁을 일으키고 있다. (출처 : Kunming Univ of Science and Technology)

결정으로 인한 책임 소재 문제 역시 해결이 쉽지 않다. 인공지능을 어떻게 개발하고 활용하며 통제할 것인지는 전적으로 인간의 윤리적 판단에 달려 있다. 인공지능이 인간의 존엄성을 침해하지 않고, 공정하며 투명하게 작동하여 사회 전체의 이익에 기여하도록 하기 위해서는 기술적 효율성 추구를 넘어서 윤리적 기준과 규범 설정이 필수적이다.

생명과 관련된 과학 기술의 진보는 인간의 생명과 건강에 대한 근본적인 질문을 던진다. 기술이 허용하는 것과 윤리적으로 옳은 것 사이의 간극이 커지면서 기술이 '무엇을 할 수 있는가'와 '무엇을 해야 인간과 유사한 인공지능 챗봇 서비스가 보편화되면서 부작용 사례가 나타났다. 2024년 미국의 10대 소년이 인공지능 챗봇의 조언에 따라 극단적 선택을 한 비극적인 사건이 그것이다. 소년의 어머니가 미성년자를 위한 안전장치 미비를 이유로 기업에 소송을 제기한 것은, 기술 개발에 앞서 윤리적 고려가 얼마나 중요한지를 보여준다. 국내에서도 가상의 인격과 배경을 설정한 AI 챗봇 서비스가 제공되고 있으며, 대부분의 챗봇은 자살과 같은 극단적인 대화 주제를 차단하는 기본적인 안전장치를 갖추고 있다.

인공지능 알고리즘을 설계할 때 상황에 따라 어떻게 문제를 판단하고 처리할 것인가에 대한 가치판단 기준이 필요한데 이때 개발자의 윤리적 가치판단 기준이 반영될 수 있으며 이에 따라 학습 데이터의 편향이 나타날 수 있다. 인공지능 기술이 발전함에 따라 사회적으로 인공지능의 윤리적 쟁점에 대해 공론화하고 합의하는 과정이 진행될 필요가 있다.

하는가' 사이의 윤리적 관점이 요구된다. 생명 윤리는 인간 생명의 존엄성을 최우선 가치로 삼고 생명 관련 기술의 오남용을 방지하며 개인의 자율성과 사회적 책임을 조화시키는 데 중점을 둔다. 어떤 생명 기술을 어디까지 허용할 것인지, 환자의 권리는 어디까지 보장되어야 하는지 등은 기술적 가능성뿐만 아니라 인간의 보편적인 도덕적 가치관에 따라 신중하게 결정되어야 할 문제다.

깊이 들여다보기

다양한 사회 문제의 해결은 단순한 기술적, 경제적 또는 법적인 접근만으로는 어려우며, 인간의 존엄성과 사회의 지속 가능성에 대한 깊은 성찰을 요구한다. '자율주행 자동차'의 등장과 '극단적 선택'을 조언하는 인공지능의 사례는 기술의 발전 속도만큼이나 윤리적 성찰이 중요함을 보여준다. 기술적 가능성만을 좇기보다 인간의 존엄성과 사회적 가치를 보호하며 인류의 삶에 긍정적인 영향을 미칠 수 있도록 윤리적 관점에서 기술을 설계하고 규제하는 것이 필요하다. 이는 우리가 '쉬운 길'이 아닌 '옳은 길'을 선택해야 하는 중요한 이유가 된다.

우리의 삶을 직조하는 보이지 않는 실

인간, 사회, 환경을 바라보는 다양한 관점

사진에는 한 인물이 손에 쥔 망치를 내리치는 순간이 담겨 있다. 의사봉을 쥐고 있는 주인공이 누구인지 알 수 없지만 어떤 상황일지 상상해 볼 수는 있다. 법정에서 판사가 판결을 내리는 순간일 수도 있고, 의회나 공식 회의에서 의장이 의사봉을 두드리는 모습일 수도 있다. 이처럼 의사봉을 내리치는 모습은 권위와 결정을 상징하는 도구로 사회 전체의 규범과

질서를 반영하는 순간으로 해석된다.

법원과 의회가 존재하는 이유는 사회적 관점과 맞닿아 있다. 사회 전체의 규범과 질서는 법에 의해 유지된다. 의회는 법을 제정하고 사회의 기본 방향을 설정하고, 법원은 법을 해석하고 적용하여 분쟁을 해결하는 역할을 한다. 현대 사회는 다양한 가치와 이해관계가 얽혀 있어 예측 불가능한 갈등 상황이 빈번하게 발생하기 마련이다. 이러한 복잡성을 조율하고 사회의 안정과 발전을 이끌어 나가는 데 있어 두 기관의 역할은 그 무엇보다 중요하다.

사회적 관점은 개인의 문제나 사건을 단순히 개인 차원에서 보지 않고, 그 배경에 있는 사회 구조, 제도, 문화 등을 함께 살펴보는 시각

환경 문제에 대한 사회적 관점과 윤리적 관점의 차이

	사회적 관점	윤리적 관점
문제 인식	환경오염을 산업화, 자본주의 시스템, 불평등한 자원 배분, 환경 규제 미흡 등 사회적 원인으로 봄	환경 파괴를 인간의 무분별한 개발, 이기심, 자연에 대한 경시 등 도덕적 문제로 봄
분석 내용	- 환경 정책 및 법규의 효과와 한계 - 특정 산업이나 기업의 환경 영향 - 환경 불평등(환경오염의 피해가 특정 계층에 집중) - 소비 문화와 생산 방식의 문제	- 인간의 자연 지배적 사고방식 비판 - 미래 세대와 다른 생명체의 생존권 - 환경 정의(환경적 혜택과 부담의 공정성) - 생태 중심주의, 인간 중심주의 등 윤리 사상
해결 방향	친환경 기술 개발 지원, 환경 규제 강화, 지속가능한 경제 시스템 구축, 시민 참여 독려 등 사회 시스템 변화 강조	환경 의식 개선, 윤리적 소비, 환경 교육 강화, 자연과의 공존 가치 확립, 도덕적 실천 강조

이다. 사회 전체의 질서와 정의를 세우고, 다양한 사회 구성원의 권리
와 요구를 조율하기 위해서는 개인을 넘어선 사회적 맥락을 이해하는
것이 필수적이다. 따라서 사회적 관점은 우리 사회가 더 공정하고 조
화롭게 발전하는 데 꼭 필요한 시각이라 할 수 있다.

생각 넓히기

사회적 관점은 개인의 행동이나 사건을 사회 구조, 제도, 문화적 배경
과 연결 지어 이해하는 시각이다. 예를 들어 청년 실업 문제를 단순히
'개인의 취업 실패'로 보지 않고 경제 불황, 노동 시장의 변화, 산업 구
조 등 사회적 요인과 연관 지어 분석하는 것이다. 따라서 사회적 관점
에서는 실업을 해결하기 위한 해결 방안으로 경제 구조 개혁, 노동 시
장의 제도 개선, 사회 안전망 강화 등 사회 시스템 변화를 강조하는 방

법을 제시할 수 있다. 또 다른 사례
로는 범죄 문제를 들 수 있다. 범죄를
개인의 도덕적 결함으로만 판단하지
않고 사회적 불평등, 교육 기회의 부
족, 가정 환경 등 다양한 사회적 맥락
에서 숨겨진 원인을 탐구한다. 이렇
게 사회적 관점은 개인의 삶과 선택
뒤에 보이지 않는 사회 구조를 통해
사회 문제의 근본 원인을 더 넓고 깊

디지털 시대의 어두운 그림자인 '디지털 격차'와 '디지털 중독'은 단순히 개인의 능력이나 의지의 문제가 아니다.

1) 사회 구조 및 제도적 측면

디지털 기기와 고속 인터넷망에 대한 접근성은 모든 사람에게 공평하게 보장되지 않는다. 저소득층, 고령층, 장애인, 농어촌 지역 주민 등은 경제적, 신체적, 지리적 제약 등으로 인해 디지털 세상에서 소외되기 쉽다. 또한 지역 및 계층 간 디지털 리터러시 교육을 포함한 다양한 디지털 교육 기회의 불균등은 디지털 격차를 심화시킨다.

2) 경제적 측면

스마트폰, 태블릿PC, 매월 지불하는 통신 요금은 경제적 취약 계층에게는 큰 부담으로 작용한다. 이는 단순히 기기 소유 여부를 넘어 정보 습득과 활용의 질적인 차이를 야기한다. 또한 디지털 플랫폼은 사용자의 체류 시간을 늘리고 광고 수익을 극대화하는 방향으로 설계되어 있기 때문에 개인 맞춤형 알고리즘은 디지털 기기 사용자로 하여금 계속 특정 콘텐츠를 소비하게 만든다. 이처럼 경제적 이윤 추구가 사회 구성원의 디지털 중독을 부추길 수 있다.

게 이해하게 하며 효과적인 해결책을 모색하는 데 중요한 역할을 한다.

깊이 들여다보기

사회적 관점과 윤리적 관점은 모두 사회 현상을 바라보는 중요한 시각이지만 초점과 접근 방식에 차이가 있다. 예를 들어 법정에서 재판이 진행될 때를 생각해 보자. 사회적 관점은 법과 제도가 사회 정의를 어떻게 구현하는지와 그 과정에서 발생하는 사회적 불평등이나 권력관계를 분석하는 반면, 윤리적 관점은 판사와 피고인, 피해자 각자의 도덕적 책임과 올바른 행동에 대해 평가한다. 또한 사회적 관점은 옳고 그름, 좋고 나쁨에 대한 '가치 판단'의 문제로 접근하지 않고 경험적으로 검증하고 탐구하여 해결 방안을 도출해야 하는 '사실' 문제로 접근한다. 반면에 윤리적 관점은 어떤 가치나 태도를 추구해야 할지, 다양한 가치 중에서 더 우선하는 가치를 무엇으로 선택해야 하는지 가치 갈등 상황을 판단하는 데 도움을 준다. 따라서 두 관점은 상호 보완적이어서 이를 함께 고려할 때 사회 문제를 더 균형 있게 이해할 수 있다.

흐르가는 시간 속에서 지혜를 찾다

Ⅰ. 통합적 관점

인간, 사회, 환경을 바라보는 다양한 관점

모래시계는 끊임없이 흘러가는 시간을 상징한다. 위쪽 유리관에서 천천히 떨어지는 모래알 하나하나가 쌓여 아래쪽에 새로운 모래 산을 만든다. 이 단순한 움직임 속에는 '지속성'과 '변화'라는 두 가지 중요한 의미가 담겨 있다. 시간은 멈추지 않고 끊임없이 흘러가며 과거의 순간들이 모여 현재를 만들고, 다시 현재가 미래로 이어지는 연속적인 흐름을 형성

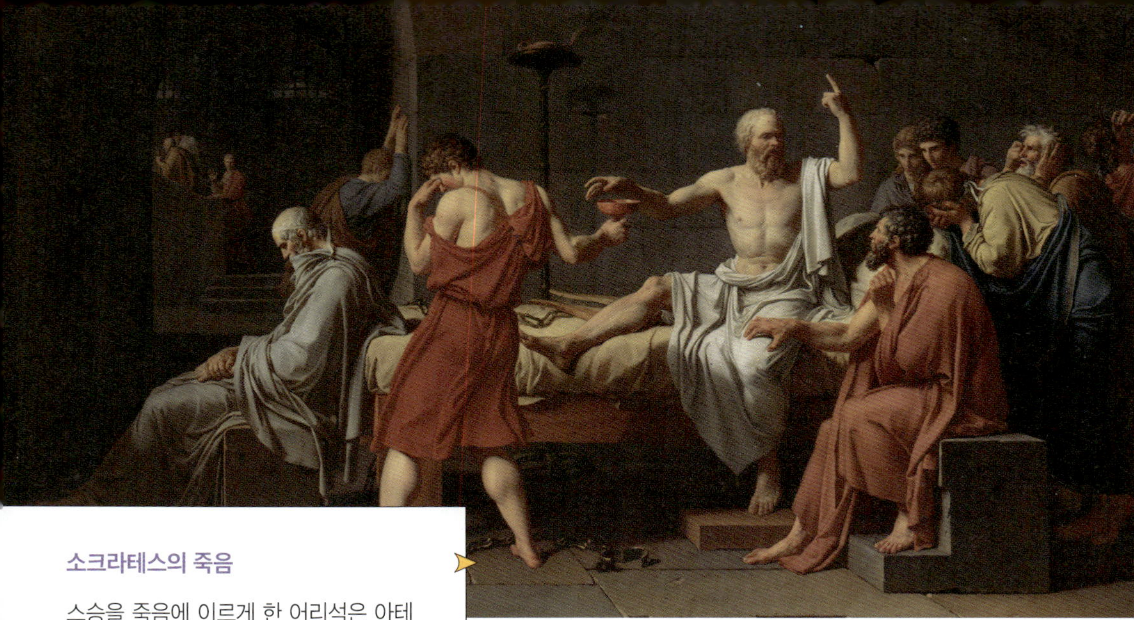

소크라테스의 죽음

스승을 죽음에 이르게 한 어리석은 아테네 시민들에 대한 분노와 절망에 빠진 플라톤이 침대 끝에 앉아 고개를 푹 숙이고 있다. 고대 그리스 아테네에서 시작된 시민성은 주로 정치적 참여와 법적 권리에 초점이 맞춰졌으며 그 범위도 매우 제한적이었다. 당시 시민은 아테네에서 태어난 성인 남성 중 일정한 조건을 충족한 사람들만 해당했으며 여성, 노예, 외국인 등은 제외됐다. 이후 로마 시대와 중세를 거치면서 시민성 개념은 점차 확대되었지만, 권리와 의무는 여전히 제한적이었다. 오늘날 시민성은 인종, 성별, 출신에 관계없이 모든 국민에게 평등하게 부여되는 권리와 의무를 포함한다.

한다. 이처럼 시간은 우리 삶과 사회 현상을 이해하는 데 빼놓을 수 없는 축이다. 그렇다면 인간과 세상을 '시간적 관점'으로 바라본다는 것은 어떤 의미일까? 과거와 현재 그리고 미래는 어떻게 연결되어 있을까? 이 질문들은 바로 시간적 관점이 우리에게 던지는 물음이다. 시간적 관점은 과거를 통해 현재를 이해하는 '깊이 있는 통찰'을 제공한다. 지금 우리가 겪는 사회 현상은 갑자기 나타난 것이 아니라 오랜 시간 쌓이고 변형되어 온 결과다. 우리가 마주하는 수많은 사회 문제나 현상들은 거대한 시간의 흐름 속에서 형성된 복잡한 결과물이다. 시간적 관점은 과거의 경험과 교훈을 통해 현재의 문제를 진단하고, 미래의 방향을 모색하는 데 필수적인 도구로서 우리가 관심을 갖는 사회 현상의 뿌리를 찾고 그 배경과 맥락을 이해할 수 있도록 돕는다. 환경오염이나 저출생과 같은 복잡한 사회 문제들도 시간적 관점에서 바라보면 그 원인과 맥락이 훨씬 이해하기 쉽다. 언제부터 이러한 문제들이 발생했고 사회는 어떻게 반응해 왔는지 추적하다 보면 문제 해결의 실마리를 찾을 수 있기 때문이다.

생각 넓히기

서울 도심 한복판을 흐르는 청계천은 예전에도 지금과 같은 모습이었을까? 이 익숙한 풍경 뒤에는 어떤 시간의 흔적이 숨어 있을까? 청계천은 일개 하천이 아니라 서울의 오랜 역사와 변화를 고스란히 담고 있는 살아있는 시간의 기록이다. 청계천의 역사는 조선 왕조의 태조가 한양으로 도읍을 옮기면서 본격적으로 시작된다. 조선 초기에는 청계천을 '풍수학적 명당수'라고 생각했다. 하지만 실제로는 조선 왕조 500년 동안 도성에서 배출되는 생활 쓰레기를 씻어내는 거대한 하수도로 기능하며 도시를 깨끗하게 유지하는 역할을 했다. 일제강점기부터 근대까지 청계천은 근대화 과정에서 발생하는 오물과 쓰레기로 뒤덮인 더러운 하천의 이미지가 강해졌다. 그래서 오염된 청계천을 콘크리트로 덮어 도로를 만들었고, 그렇게 지하에 묻힌 복개 하천으로 사라진 공간이 되었다. 시간이 흘러 2000년대 들어 환경 보전과 도시 재생의

1950년대 판잣집이 즐비했던 청계천

2003년 청계천 복원공사 기공식

새로운 도심 명소로 재탄생한 청계천

중요성이 강조되기 시작하면서 잊혔던 청계천이 복원되었다. 현재 청계천은 도심 속 자연 공간이자 휴식처로 시민들의 사랑을 받고 있다. 오랜 세월 동안 청계천은 도성 안의 생명수이자 오물을 씻어 내는 하수도였고, 한때 콘크리트 아래 갇혔다가 다시금 도심 속 하천이자 활기 넘치는 상징적인 공간으로 끊임없이 변모해 왔다.

깊이 들여다보기

시간적 관점으로 청계천을 살펴보면 서울이라는 도시가 어떻게 발전하고 변화해 왔는지 알 수 있다. 자연 하천이었던 청계천은 문명 발전과 함께 하수도이자 도시의 필수 시설이 되었고, 한때는 필요에 의해 덮어버렸다가 다시금 환경과 삶의 질을 중요시하는 시대적 요구에 따라 되살아났다. 청계천의 역사를 통해 우리 사회의 가치관과 발전 방향이 어떻게 변화해 왔는지를 살펴볼 수 있다. 이처럼 시간적 관점은 단순히 과거를 돌아보는 것을 넘어, 과거로부터 이어지는 시간의 흐름 속에서 나타나는 사회 변화와 시대 상황을 파악하여 사회 현상을 이해하고 더 나아가 미래를 예측하려는 시도다.

함께 살아갈 공간의 미래를 만드는 지도

Ⅰ. 통합적 관점

인간, 사회, 환경을 바라보는 다양한 관점

한 여성이 큰 지도와 손에 든 스마트폰 지도를 비교하며 길을 찾는 모습이다. 우리는 언제 지도를 사용할까? 우리는 실제 생활 속에서 꽤 자주 스마트폰 지도 앱 등을 통해 공간 정보를 활용하곤 한다. 우리가 일상에서 무심코 묻는 "어디야?"라는 질문은 상대방의 위치를 파악함으로써 상황을 이해하고 소통하는 데 필수적이다. 위치와 장소는 인간의 삶을

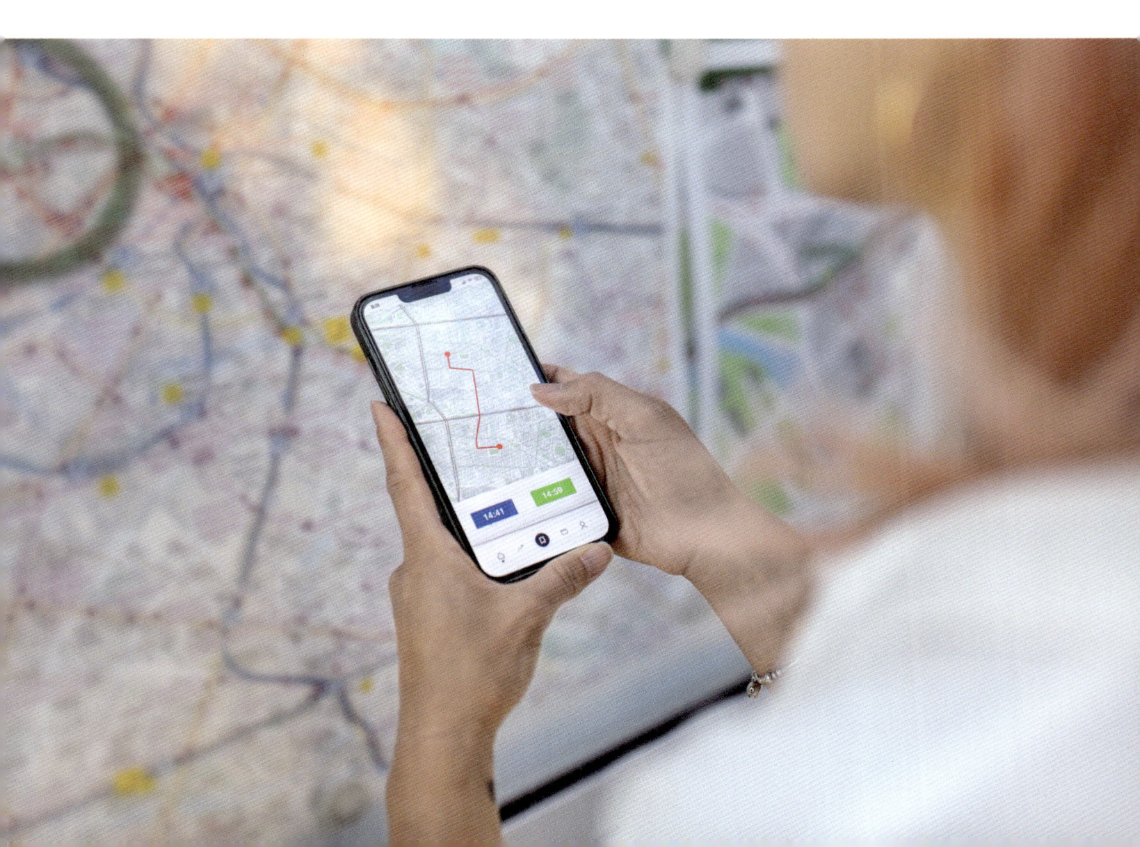

공간적 관점에서
미세먼지 문제 분석하기

1) 미세먼지가 많이 발생하는 곳은 어디일까?

미세먼지는 공장, 발전소, 자동차 등 다양한 발생원에서 배출된다. 이런 발생원이 많이 위치한 곳이 바로 도시다. 도시는 농촌 지역보다 미세먼지 농도가 높을 수밖에 없다. 즉 공장이 많은 산업 단지 지역, 교통량이 많은 도심 지역은 미세먼지 문제가 더욱 심각하게 나타난다.

2) 미세먼지 농도는 왜 지역별로 차이가 날까?

우리나라의 미세먼지 상당량이 중국에서 비롯됐다는 분석 결과가 있다. 실제로 중국발 미세먼지는 백두대간을 넘지 못해 한반도의 동쪽은 서쪽에 비해 비교적 미세먼지 농도가 낮은 편이다.

단순히 '미세먼지 농도를 줄이자'는 목표만 외칠 것이 아니라 어디서, 어떻게, 왜 발생하고 어디에 영향을 미치는지 구체적으로 파악해야 더 실질적이고 효과적인 대책을 세울 수 있다.

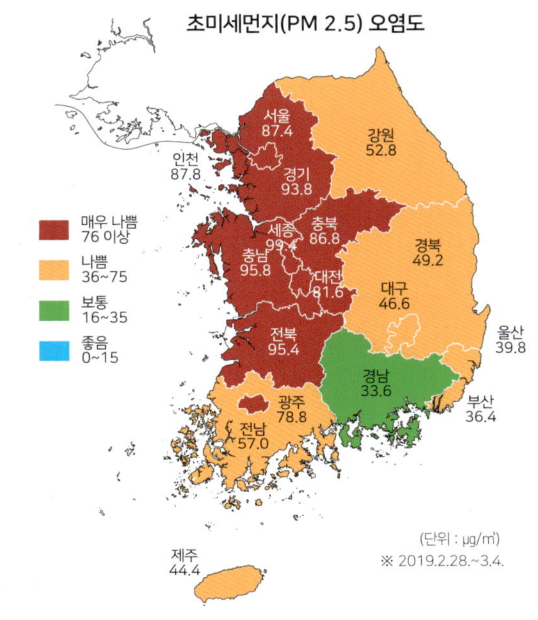

이해하는 중요한 실마리가 된다.

여행할 때 낯선 도시에서 관광지, 식당, 카페를 찾아갈 때 위치 정보는 큰 도움이 된다. 이뿐만 아니라 갑작스러운 건강 문제로 야간 진료 병원이나 주말 약국을 찾아가야 할 때도 공간 정보가 필수적이다. 재난 상황에서는 대피를 위한 안전한 이동 경로를 신속하게 파악하는 데 스마트폰 속의 지도가 큰 역할을 한다. 예를 들어 화재나 지진 발생 시 실시간 위치 정보와 대피소 안내를 통해 신속한 대응이 가능하다. 불과 몇 년 전 코로나 팬데믹 상황에서 코로나19 확산 경로를 분석하고 감염 위험 지역을 파악하는 데도 공간 정보가 활용되었다. 이는 방역 정책 수립과 개인의 안전 관리에 중요한 역할을 했다.

이처럼 공간적 관점은 위치와 장소, 분포 양상과 형성 과정, 이동과 네트워크 등에 대한 이해를 바탕으로 지역의 변화 모습을 탐구하며 인간의 다양한 삶의 양상을 이해하고 문제의 해결 방안을 찾는 데 도움을 줄 수 있다. 즉 인간, 사회, 환경 간의 상호관계를 분석하고 이해하는 데 필요한 것이 바로 공간적 관점이다.

생각 넓히기

인구 이동과 지방 소멸에 대한 연구는 지리학, 경제학, 사회학 등 다양한 분야에서 활발히 진행되고 있다. 특히 우리나라의 농촌에서 도시로의 인구 이동은 지역 불균형 심화와 농촌의 고령화 문제는 물론이고 나아가 지방 소멸로 이어질 수 있다는 우려까지 제기되고 있다. 이러한 현상을 이해하고 문제를 해결하기 위해서는 공간적 관점의 접근이 필수적이다. 인구가 감소하거나 증가하는 지역의 특성은 무엇이며, 다른 지역과 어떻게 상호작용하는지, 공간적 상호작용에 따른 변화가 주민의 삶에 어떤 영향을 미치는지 탐구할 수 있다. 우리나라 인구 감소는 수도권으로의 인구 집

워케이션

워케이션(Workation)은 일을 뜻하는 'Work'와 휴가를 뜻하는 'Vacation'을 결합한 개념으로, 최근 몇 년간 급격히 유행하고 있다. 워케이션이 유행하는 이유는 재택근무의 확산, 업무 효율성과 심리적 안정감, 일과 삶의 균형 등이 있다. 어떤 곳이 워케이션 장소로 선호될까? 산, 바다, 숲 등 자연 경관이 아름다운 지역 중에서 일하는 데 필요한 인터넷 환경과 공유 오피스가 잘 갖춰진 곳이 인기가 많다. 또한 일하는 시간 외에 즐길 수 있는 액티비티(서핑, 요가, 트레킹 등)나 지역 문화 체험도 중요한 선택 요소다.

중 현상과 맞물려 지방 소멸 문제를 가속화하고 있다.

이러한 문제를 해결하기 위한 대안 중 하나로 최근 워케이션이 주목받고 있다. 워케이션은 지방 소멸 문제 해결과 지역의 유휴공간 활용에 중요한 역할을 한다. 공간적 관점에서 워케이션을 바라본다면, 우리나라의 경우 농촌 지역을 중심으로 워케이션의 적용 가능성을 탐색해 보는 것이 필요하다. 또한 다양한 해외 사례를 분석하여 해당 농촌 지역에 적용할 수 있는 해결 방안을 도출해 볼 수 있을 것이다.

 깊이 들여다보기

『지리의 힘』

팀 마샬은 이 책에서 지리적 특징이 국가의 통치와 세계 경제에 어떻게 영향을 미치는지에 대해 설명한다.

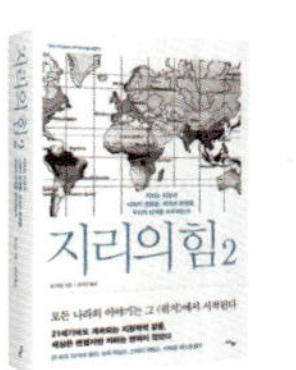

『지리의 힘』에서는 지형적 특성이 국가의 국경을 형성하고 자원 접근성 등을 결정하며 해당 장소의 '힘'을 규정한다고 말한다. 예를 들어 히말라야산맥이 인도와 중국 관계에 어떤 영향을 미치는지를 공간적 관점에서 설명한다. 그리고 왜 러시아가 그토록 얼지 않는 항구를 갈망하는지에 대해 고찰함으로써 특정 지역의 고유한 특성을 아는 것이 얼마나 중요한지 깨닫게 한다. 우리가 마주하는 다양한 사회 문제들은 단순히 경제적 효율성이나 단편적인 정책적 접근만으로는 진정한 해결에 이르기 어렵다. 따라서 공간적 관점은 우리가 세상을 더 깊이 이해하고 문제의 해결 방안을 찾기 위한 선택이 아닌 필수적 사고방식이다.

시간적 관점으로 바라본 감염병

Ⅰ. 통합적 관점

통합적 관점의 필요성과 적용

14세기 유럽 전역에서 흑사병이 유행했다. 당시에는 감염병에 감염된 환자를 치료하기로 정부와 계약을 맺은 의사가 있었다. 이들은 '감염병 의사'라고 불렸으며 기이한 복장으로 눈길을 끌었다. 흑사병을 치료했던 감염병 의사들은 왜 이렇게 특이한 옷을 입었을까?

그들은 흑사병의 원인이 '오염된 대기'라고 잘못 생각하여 독특한 부리 모

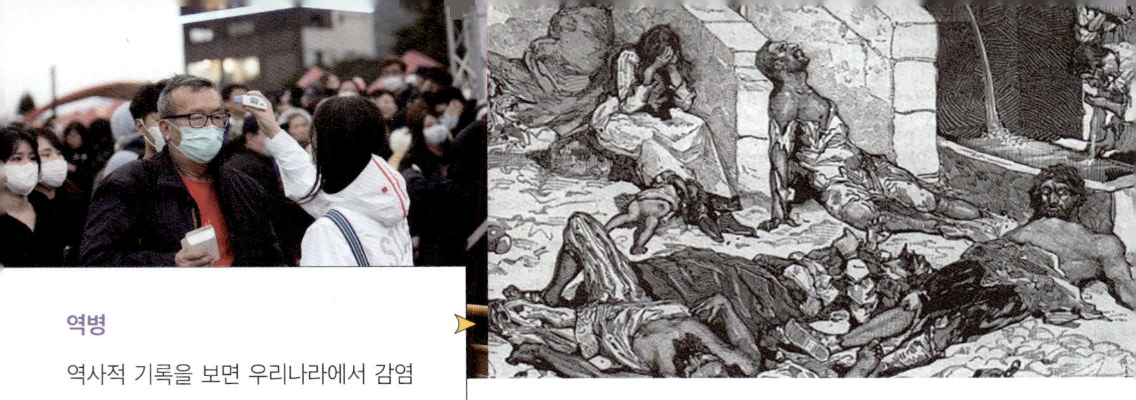

역병

역사적 기록을 보면 우리나라에서 감염병은 '역병'이란 이름으로 불렸다. 고려 시대에는 역병이 돌 때 국가나 사찰에서 백성들을 구제하는 활동을 벌였다는 기록이 있으며, 후고구려의 궁예가 몰락하던 시기나 고려에서 조선으로 왕조가 바뀌는 시기에 역병이 유행했다는 기록이 있다. 당시에는 이러한 역병을 하늘의 뜻이라고 의미를 부여하며 정권 교체의 정당성을 주장하는 근거로 삼기도 했다.

조선 시대에는 콜레라를 '괴질'이라고 불렀다. 당시 「대한매일신보」 1909년 9월 24일 자를 보면 "이 병이 한 집에 들어가면 그 집 사람이 거의 다 죽고, 이 고을에서 저 고을로 칡덩굴같이 뻗어가며 일거에 일어난 불과 같이 퍼져간다."라고 기록되어 있다. 이처럼 콜레라는 높은 전파력과 80~90%에 달하는 치사율을 보였다. 콜레라는 오염된 물이 주요 발병 원인이며 설사와 구토를 하다가 급속한 탈수 증상으로 사망에까지 이르곤 했다.

양의 가면을 착용하고 눈을 보호하는 안경을 썼다. 또한 환자의 옷을 벗기거나 검사할 때 안전한 거리를 유지하기 위해 지팡이를 소지했다. 이러한 의상은 17세기 초 프랑스 궁정 의사의 작품으로 전해진다. 흑사병은 1347년부터 1351년까지 유럽과 전 세계를 휩쓸었는데, 이때 유럽에서만 약 2,500만 명이 사망한 것으로 추산된다. 흑사병 이후로도 인류를 위협하는 질병은 계속해서 등장했으며 2020년에 발생한 코로나19 팬데믹은 우리의 삶에 큰 영향을 미쳤다.

시간적 관점은 우리가 주목하는 사회 현상이 언제 시작되어 어떻게 변화했는지, 그 과정에 영향을 준 당시의 상황과 맥락을 탐구하여 문제에 접근한다. 우리가 이러한 관점을 코로나19 감염병에 적용하여 역사적으로 이와 유사한 사례가 있었는지 질문하고, 사회 현상이 현재의 모습으로 나타나는 데 영향을 미친 역사적 사건과 시대적 상황을 파악한다면 오늘날 일어나고 있는 팬데믹 감염병 문제를 더 잘 이해할 수 있다. 또한 향후 팬데믹에 대비하고 대응할 수 있는 제도적 기반도 마련할 수 있을 것이다.

생각 넓히기

인류를 위협하는 감염병은 언제 처음 등장했을까? 감염병은 오래 전부터 인류와 함께했다. 어느 시대나 시대적 공포가 될 만한 감염병은 늘 존재했다. 감염병의 역사는 인류 문명과 불가분의 관계를 맺고 있으며 사회, 경제, 정치, 문화 등 다양한 영역에 큰 영향을 미쳤다.

역사를 살펴보면 인류를 괴롭힌 수많은 감염병은 대부분 가축이나 야생동물에게서 비롯되었다. 즉 인간이 다른 동물과 같이 살게 되면서 감염균을 공유하기 시작한 셈이다. 또한 문명의 발달과 함께 도시가 생겨나며 인구밀도가 높아졌고, 이는 사람 간의 접촉에 의한 감염도 더 많이 발생하게 만들었다. 도시는 감염병에 취약해서 오랫동안 존재했던 도시가 감염병이 돌아 갑자기 사라지기도 했다. 감염병이 유행하면 불안에 휩싸인 사람들은 도시를 버리고 도망갔고 감염병은 하루아침에 모든 것을 원점으로 되돌려놓았다.

이렇듯 고대부터 현대에 이르기까지 감염병은 인구 감소, 사회 불안, 경제 시스템 붕괴 등을 야기했으며, 동시에 의학 기술 발전, 공중

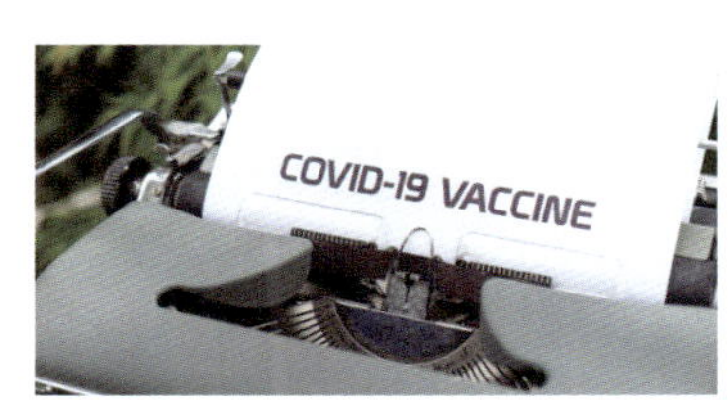

팬데믹

사람들이 면역력을 갖고 있지 않은 질병이 전 세계로 전염, 확산되는 현상을 말한다.

보건 시스템 강화, 사회 구조 변화를 촉진하는 계기가 되었다. 대표적인 사례로는 흑사병, 스페인 독감, 코로나19 등이 있으며, 이러한 감염병들은 인류의 생존 방식과 사회 시스템에 대한 근본적인 질문을 던지며 변화를 이끌어냈다.

 **깊이 들여다보기**

가까운 미래에, 아니 지금 당장이라도 인류를 위협하는 새로운 감염병이 등장할 가능성이 높다. 그때 우리는 중세에 살았던 사람처럼 도시를 떠나야 할까? 아니면 도시의 편리함을 누리면서 삶을 지속할 수 있을까? 앞으로 어떤 감염병이 나타날 것이라고 구체적으로 예측하기는 어렵지만 새로운 바이러스나 세균과 같은 병원체들이 계속 출현할 가능성은 매우 높다. 그러나 감염병에 신속하게 대응하기 위한 기술 확보나 연구를 계속해 나간다면 지금의 문명은 소멸하지 않고 감염병과 함께 살아가는 지속가능한 삶의 방식을 모색할 수 있을 것이다.

어른들은 잊고 있나 보다. 자신도 아이였다는 사실을.

Ⅰ. 통합적 관점

통합적 관점의 필요성과 적용

"저희 업소는 안전사고와 성인 손님을 배려하기 위해 영유아와 어린이 출입을 제한합니다." 노키즈존(No kids Zone)은 우리나라에서 만들어진 신조어로 아동의 이용을 제한하는 공간을 말한다. 젊은 층이 주로 이용하는 곳에서 아이와 동행했다는 이유로 출입을 거절당하는 일이 종종 일어난다. 노키즈존은 어린이에 대한 차별일

매장 입구에 붙은 노키즈존 안내 문구와
노키즈 존에 반대하여 시위하는 어린이
(출처: 「연합뉴스」)

까? 다른 손님에 대한 배려일까?

노키즈존이 등장하게 된 가장 큰 이유는 바로 아이들의 '소란 행위'와 '안전사고에 대한 우려'다. 아이들 때문에 다른 손님들이 불편을 겪거나 아이가 다쳤을 때 업주에게 책임을 묻는 상황과 사고 위험이 예상되는 곳은 아이에게 안전하지 않다는 인식이 그 기저에 있다. 노키즈존이 존재하는 또 다른 이유는 '업장의 분위기 유지'를 들 수 있다. 조용하고 차분한 분위기를 원하는 사람들이 찾는 공간에서는 서비스 품질을 유지하기 위해 어린이가 있는 것이 맞지 않다고 보는 것이다.

사회적으로 공공장소에서 피해를 주는 아이들과 아이들을 통제하지 않는 부모들에 대한 불만이 커지면서 노키즈존이 본격적으로 등장하기 시작했다는 시각이 있다. 정말 아이들은 정숙하지 못하고 남을 배려를 하지 못하는 존재일까? 아이들을 통제하고 교육하지 않는 부모에게 온전히 책임을 물을 수 있을까? 아이들의 안전을 위해서 특정 식당의 출입을 제한하면 아이들의 안전이 지켜질 수 있을까? 아이들의 공공장소 출입 제한은 아이들이 공공장소에서 지켜야 하는 예절과 규범을 배울 기회를 박탈하는 것은 아닐까?

 **생각 넓히기**

노키즈존을 찬성하는 입장에서는 어린이 안전사고 예방, 손님의 편의 보장, 업주 경영의 자유, 시장 다양성과 선택권을 이유로 노키즈존의 필요성을 주장한다. 아이들의 소란으로 인한 불편 없이 편안하게 시간을 보내고 싶은 손님들의 권리, 사업주가 자신의 업장 운영 방침이나 분위기를 스스로 정할 권리가 아동이 자유롭게 장소에 입장할 수 있는 권리보다 앞서는 것이다.

그렇다면 노키즈존을 반대하는 입장은 어떨까? 그들은 노키즈존이 어린이 및 동반 가족을 특정 공간에서 배제하는 차별적 행위이자 인권 침해라고 본다. 차별을 사업 운영의 자유, 경영 판단으로 포장한다고 비판하면서 모든 연령대가 함께 어울릴 수 있는 환경이 중요하다고 강조한다. 노키즈존이 사회 통합을 방해하고 아이를 키우는 것을 더 어려운 일로 만들어 저출생 문제를 악화시킬 수 있다는 우려도 있다. 그리고 자신이 환영받지 못한다는 사실을 알게 될 경우 어린이의 자아 형성이나 정서 발달에 부정적인 영향을 줄 수 있다는 전문가 의견도 있다. 아동의 발달기 특성을 배려하지 못하고 같은 공간에 있기를 거부하는 것은 배려가 아니라 차별에 가깝다. 최근에는 아동뿐만 아니라 노인이나 특정 직업군의 입장을 제한하는 '노존(No Zone)'이 사회 전반으로 확산되고 있다. 진정한 평등은 사소하고 일상적인 공간에서 시작되어야 한다.

깊이 들여다보기

윤리적 관점으로 바라본 노키즈존은 사회 구성원끼리 차별과 혐오를 부추기는 우리 사회의 씁쓸한 단면이다. "한 아이를 키우려면 온 마을이 필요하다." 우리는 좋든 싫든 아이들이 어떤 환경에서 자랄지, 어떤 사람이 될지에 상당한 영향을 미치는 상호의존적 세계에 살고 있고, 그 세계에서 우리 아이들은 듣고 보고 느끼고 배운다. 어른들은 자신도 한때 아이였다는 사실을 잊고 있나 보다.

동화 작가 전이수 군이 아이와 양육자의 출입을 금지하는 '노키즈존'을 찾았다가 출입을 거부당한 사연을 쓴 일기가 소셜 네트워크서비스 등 온라인에서 공유되면서 어른들을 부끄럽게 했다.

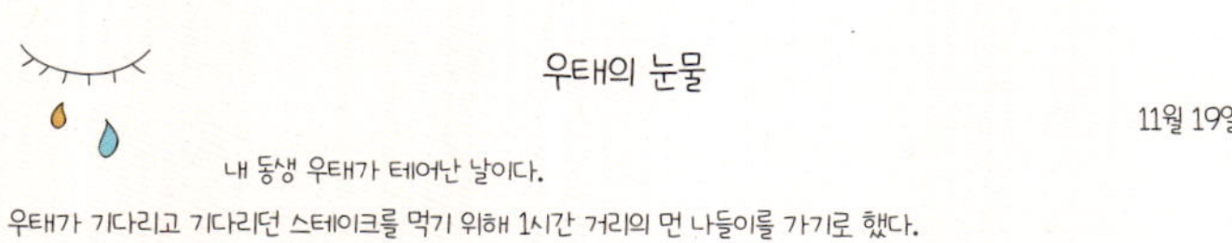

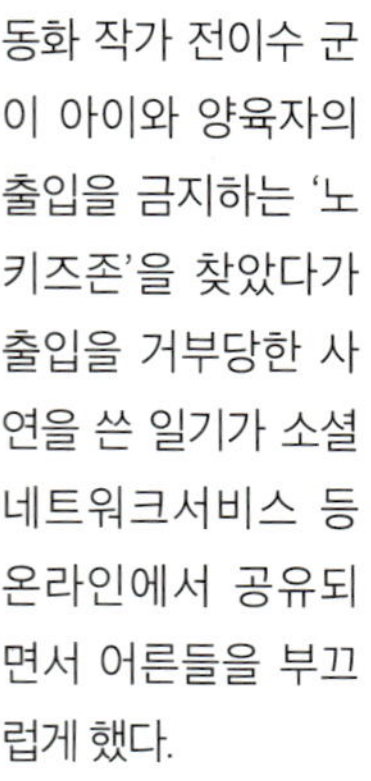

흔들리는 지구, 여러 개의 판이 만나는 튀르키예

통합적 관점의 필요성과 적용

2023년 2월 6일 새벽, 지진은 튀르키예 남서부 지역을 강타했다. 규모 7.8의 강진은 튀르키예는 물론 국경이 인접한 시리아 북서부에도 심각한 피해를 입혔다. 이 지진으로 인한 사망자는 튀르키예와 시리아를 합쳐 총 5만 명이 넘었다. 피해를 입은 사람들이 다시 일상을 회복하는 데에는 오랜 시간과 노력, 국제사회의 도움이

필요했다. 자연 재해 앞에서 사람이 얼마나 보잘것없는 존재인지는 지진을 겪으면 알게 된다.

2023년 튀르키예 지진은 새벽 시간에 발생하여 많은 사람들이 대피하지 못한 탓에 인명 피해가 컸다. 튀르키예는 지진 발생 빈도가 높은 지역이었으나 1999년 이즈미트 지진 이후에야 내진설계 도입이 본격화되었다. 때문에 2000년 이전에 지어진 건물들은 지진에 쉽게 붕괴되었다. 그러나 최근에 새로 지은 건물들마저 쉽게 무너져 내리는 모습에 국민들의 분노는 매우 컸다. 건축업자들이 건축법을 제대로 지키지 않거나 내진설계를 제대로 하지 않은 경우가 많았기 때문이다. 특히 저품질 자재 사용 및 불법 건축으로 인명 피해가 커졌다는 비판이 거세게 일었다. 재난을 복구하고 이재민들을 지원하기 위해 힘든 시간을 겪은 만큼, 튀르키예는 이 지진을 통해 많은 것을 배우고 또 바꿔 나가려고 노력해야 할 것이다.

 **생각 넓히기**

튀르키예에서 규모 7.8과 7.5의 강진이 연달아 일어난 이유는 무엇일까? 이는 판의 경계에서 일어난 마찰 때문이다. 지구 표면은 여러 개의 판으로 덮여 있다. 이 판들은 퍼즐처럼 맞춰져 있는 상태이나 멈춰 있는 것이 아니라 서로 다른 방향으로 움직인다.

튀르키예는 유라시아판, 아프리카판, 아라비아판 등 여러 판들이 충돌하는 지역에 위치하고 있으며, 이 판들은 서로 다른 방향으로 움직인

다. 튀르키예가 위치한 아나톨리아판은 다른 지각판이 가하는 힘을 많이 받고 있어 지진이 잦았다. 2023년 강진이 발생한 튀르키예 동남부와 시리아 북부에는 두 판이 수평 이동하는 '주향이동단층'인 동아나톨리아 단층이 있다. 바로 이 단층에서 아나톨리아판과 아라비아판이 오랜 기간 비슷한 힘으로 버티다가 아나톨리아판이 반시계 방향으로 밀리면서 그동안 쌓인 에너지가 폭발해 지각이 찢어지듯 크게 움직인 것이다.

2023년에 발생한 튀르키예 지진

튀르키예 지진은 '주향이동단층'인 동아나톨리아 단층에서 일어났다. 주향이동단층은 단층면의 경사와 상관없이 단층면과 평행한 방향으로 서로 어긋나 수평으로 이동하는 단층이다.

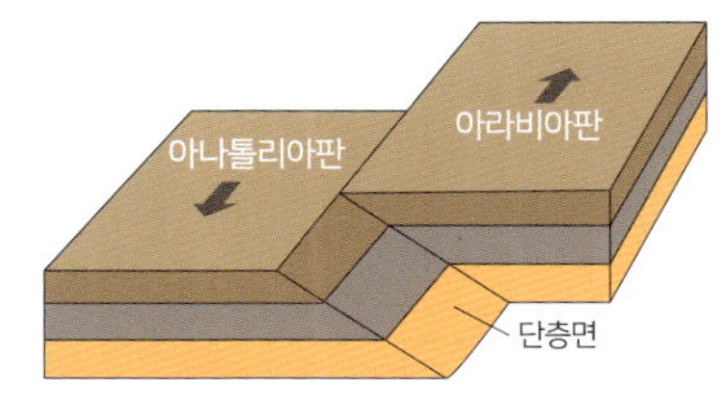

 ## 깊이 들여다보기

지진은 자연 현상이지만 그로 인한 피해는 대응 역량에 따라 천차만별

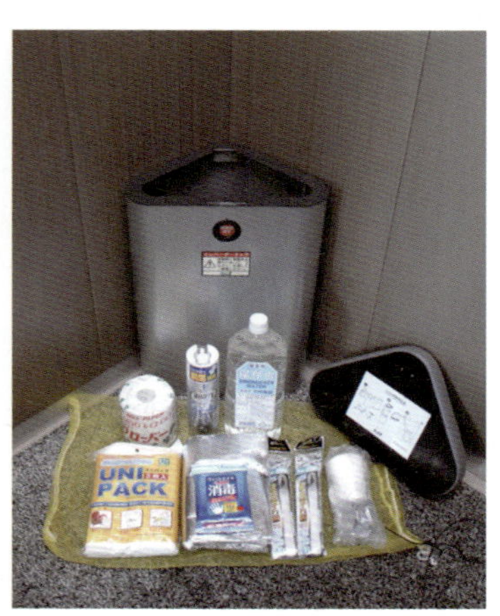

일본의 지진 키트

일본은 건물 엘리베이터 내 지진 키트 설치를 의무화했다. 지진이 발생해 엘리베이터에 갇혔을 경우 사용할 수 있는 필수 용품들이 구비되어 있다.

로 나타난다. 일본은 오랜 시간의 경험과 기술 축적으로 인명 피해를 최소화할 수 있는 내진설계 건축물, 지진 조기 경보 시스템, 철저한 대피 훈련 등의 방재 정책을 잘 갖추고 있다. 반면에 제도적 기반이 취약하거나 도시 인프라가 열악한 튀르키예와 같은 국가에서는 같은 규모의 지진이 발생하더라도 훨씬 더 많은 인명 및 재산 피해를 유발한다.

우리나라는 유라시아판 내부에 위치하여 일본이나 대만 등 판 경계에 위치한 국가에 비해 상대적으로 강진의 위험이 낮은 국가로 분류된다. 그럼에도 1978년 기상청에서 공식적으로 관측을 시작한 이후 2024년까지 규모 2.0 이상 지진이 연평균 49회나 발생했으므로 우리나라도 결코 지진에서 안전지대가 아니다. 따라서 내진 설계 현황을 파악하고 이에 대응하는 건축 관련 제도 및 정책 개선 방향을 제시하는 등 대책이 필요하다. 그리고 국민 안전과 국가 대응력 강화를 위해 지역 여건에 맞는 지역 방재 대책을 마련하고 방재 수준을 향상시켜야 할 것이다.

한국과 스웨덴의 '육아휴직' 사용법, 이렇게 달랐다

I. 통합적 관점

통합적 관점의 필요성과 적용

스웨덴에 가면 정말 유모차 끄는 남성들이 많을까? 스웨덴 아침 산책길에 흔하게 마주할 수 있는 풍경은 한 손에 테이크아웃 커피를 들고 유모차를 끄는 남성들의 모습이다. 또 이웃 아빠끼리 유모차를 끌며 산책하거나 이른 아침 문을 연 카페에서 유모차를 세우고 커피를 마시는 남성들도 꽤 많다. 동네 놀이터와 공원은 육아

하는 가족들이 가장 많이 모이는 장소인데 이곳에서 볼 수 있는 아이와 함께 있는 여성과 남성의 수는 대체로 비슷하다.

스웨덴에 이런 모습이 나타날 수 있었던 사회적 배경은 무엇일까? 개인의 가치관과 선택의 문제라고 할 수도 있지만, 스웨덴의 남성들은 육아휴직을 권리로 주장하고 그것을 위해 투쟁했기에 얻어진 결과라고 답했다. 스웨덴의 모든 국민은 「육아휴직법」에 따라 육아휴직을 사용할 권리를 가지고 이를 적용함에 있어 차별받지 않을 법적 보호를 받는다. 스웨덴의 사례는 법을 통해 규범을 바꾸고 이를 사회 전반에 정착시키는 선순환의 과정이 얼마나 중요한지를 보여준다.

스웨덴 라테파파의 성공 사례는 성평등 정책이 나아가야 할 방향을 잘 보여준다. 일과 가정의 양립 및 지속가능한 성평등 사회를 위해서는 여성과 남성 모두가 바뀌어야 한다. 엄마와 아빠가 역할 구분 없이 함께 육아에 참여하는 사회, 육아휴직 사용으로 인한 경력 단절을 걱정하거나 동료의 눈치를 볼 필요가 없는 사회, 국가가 마련한 복지 혜택 덕분에 경제적 부담 없이 아이를 양육할 수 있는 사회를 법과 제도로 뒷받침한다면 저출생 문제도 충분히 극복할 수 있을 것이다.

생각 넓히기

우리나라도 스웨덴과 마찬가지로 육아휴직 제도가 마련되어 있지만

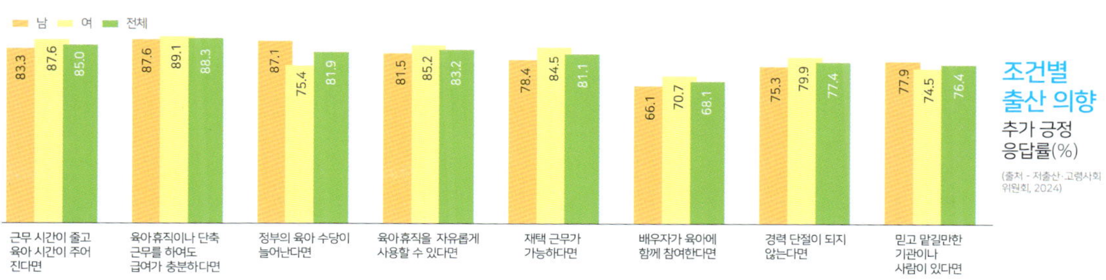

조건별 출산 의향

추가 긍정 응답률(%)

(출처 - 저출산·고령사회 위원회, 2024)

실제 이용률은 저조하다. 여성과 남성의 출산 휴가 및 육아휴직 제도의 기간과 급여를 국제 비교한 결과 우리나라는 보장 수준은 높지만 사용률은 저조했다. 특히 남성의 육아휴직 사용률은 OECD 국가 중 최하위 수준이었고, 육아휴직 사용일수도 가장 적었다.

이렇게 육아휴직 이용률이 저조한 이유는 육아휴직 수당의 낮은 소득대체율과 육아휴직, 육아를 위한 근로 시간 단축 등에 인색한 기업 문화 때문으로 분석된다. 즉 육아휴직을 하게 되면 급여가 너무 줄어 생계를 위해 빨리 복직할 수밖에 없다고 토로하는 사람들이 많다. 또한 육아휴직을 사용하면 부당한 불이익을 받을 뿐 아니라 승진에서 누락되는 일이 적지 않아 출산과 일자리 중 하나를 포기해야 하는 게 현실이라고 이야기한다.

해외 사례를 보면 육아휴직 소득대체율이 높을수록 남성의 육아휴직 참여가 활발하고 출산율도 높다. 스웨덴은 남성 육아휴직에 따른 소득 보전 임금의 월 상한액이 기존 소득과 크게 차이가 없는 수준이다.

남녀 모두 소득 지원 증가와 자유로운 육아휴직, 재택근무 등 육아시간 지원 시 출산 의향이 증가하는 것으로 나타났다.

경기도 아빠 육아휴직 장려금

2025년부터 시행된 '아빠 육아휴직 장려금'은 경기도에 거주하는 남성이 3개월 이상 육아휴직을 신청하면 월 30만 원씩 5개월간 현금을 지급하는 제도다. 남성의 육아휴직 참여를 제도적으로 장려하고, 가정 내 돌봄의 성평등 실현을 위한 정책 기반을 마련했다는 점에서 높은 평가를 받는다. 물론 현금 지원이 문제 해결의 근본적인 방안이 될 수는 없지만 이러한 제도를 통해 남성 육아휴직을 장려하려는 것은 남녀의 평등한 육아 참여 문화 조성과 가정의 경제적 부담 완화라는 측면에서 저출생 문제 해결의 실마리가 될 수 있다는 데 그 의미가 있다.

깊이 들여다보기

저출생 문제를 개인의 선택이 아닌 사회적 문제로 인식해야 하는 이유는 무엇일까? 사회 구조와 제도는 쉽게 변하지 않고 비교적 안정적으로 유지되면서 개인의 의식과 행동에 영향을 미친다. 반대로 개인의 의식과 행동의 변화가 사회 구조 및 제도의 변화를 가져오기도 한다.

따라서 우리 사회의 구조와 문화가 어떻게 출산을 어렵게 만드는지 살펴볼 필요가 있으며, 동시에 결혼을 포기하거나 아이를 낳지 않는 개인이 어떻게 사회 구조 및 제도에 영향을 주는지도 관심을 가져야 한다. 다시 말해 개인이 아이를 낳고 기르기 어려운 사회적 환경, 즉 보육, 교육, 주거, 노동, 성 역할 등 다양한 사회적 요인들이 저출생 문제에 복합적으로 작용하고 있기 때문에 사회적 관점에서 이러한 문제를 분석함으로써 사회 구조와 제도에 어떤 변화가 필요한지 파악하여 실질적인 정책과 제도를 마련해야 한다는 것이다. 이것이 현재 저출생 문제 해결의 출발점이 될 수 있다.

Part

②

인간, 사회, 환경과 행복

피카소의 게르니카

'게르니카'는 스페인 지명이자 피카소의 작품 이름이다. 피카소의 작품 〈게르니카〉에 등장하는 인물과 동물은 모두 파편화되고 뒤틀린 이미지로 울부짖는 표정에서 참담함이 느껴진다. 그들은 왜 고통스러운 표정을 짓고 있을까?

스페인 내전이 한창이던 1937년 4월 26일 프랑코 군과 손을 잡은 나치는 게르니카를 폭격했다. 이때 수많은 민간인이

희생되었고, 피카소는 전쟁의 참상과 비극을 알리기 위해 폭격당한 게르니카 마을을 그렸다. 〈게르니카〉는 단순한 추모를 넘어 전쟁을 반대하고 평화를 추구하는 강력한 메시지를 전달한다. 그림의 구석구석을 찬찬히 살펴보면 적나라한 전쟁의 참혹함을 확인할 수 있다.

가로로 긴 작품 속에는 죽은 아이를 안고 울부짖는 여인, 신체가 절단된 채 쓰러진 사람, 비명을 지르는 사람, 길을 잃은 말과 소가 등장하는데, 피카소는 이를 통해 스페인 내전으로 인한 사회 혼란과 절망을 보여준다. 피카소는 작품 곳곳에 섬뜩한 죽음의 모티프를 숨겨두었다. 말의 콧구멍과 윗니 형태에서 보이는 해골 이미지나 말의 몸에서 찾을 수 있는 커다란 해골의 이미지에서 섬뜩한 공포를 볼 수 있다. 피카소는 〈게르니카〉를 통해 전쟁의 참혹함을 고발하고 평화의 중요성을 일깨우고 싶었던 것이 아닐까. 한편 왼쪽 상단의 황소는 스페인 문화에서는 강인함과 용기의 상징이지만, 이 작품에서는 전쟁의 잔인함을 지켜보는 무력함을 나타내는 것으로 해석된다.

 **생각 넓히기**

행복의 기준은 시대와 지역에 따라 달라질 수 있다. 전쟁을 겪어보지 않은 사람에게는 개인의 자아실현, 경제적 풍요 등이 행복의 기준이 될 수 있겠지만, 전쟁을 경험한 사람에게는 전쟁 없는 세상에서 하루하루 무사히 그저 평범하게 살아가는 것이 삶의 목적이자 행복일 수 있다. 먹을 것, 입을 것, 잠잘 곳 없는 극한의 전쟁 상황에 놓인 사람들

안타깝게도 지금 이 순간에도 지구촌 곳곳에서 전쟁이 계속되고 있다. 특히 이스라엘과 팔레스타인의 전쟁이 장기화되면서 그로 인해 수많은 사상자가 발생하는 비극이 매일 뉴스로 보도되고 있다. 오랜 시간 이어져온 두 나라의 분쟁은 특히 가자지구 주민들의 일상을 전쟁으로 물들이고 있다.

가자지구는 오랫동안 지속된 봉쇄로 외부와의 교류가 제한되어 주민들은 일상 생활에 필요한 기본적인 물품조차 구하기 어려운 것은 물론이고 주기적으로 발생하는 무력 충돌로 주택, 학교, 병원 등 기반 시설이 파괴되어 삶의 질이 현저히 낮아진 상태다. 또한 사람들은 임시 거처와 난민 캠프에서 생활하며 언제 다시 폭격이 시작될지 모르는 불안감에 시달리고, 아이들은 어릴 때부터 전쟁이 일상인 삶을 살아온 탓에 안전하게 살아가는 것이 가장 큰 소원이다.

에게 행복이란 가족과 따뜻한 밥 한 끼 먹는 것, 포탄 소리 없는 곳에서 편안히 잠들 수 있는 것, 죽음에 대한 두려움 없이 아침을 맞이하는 것이지 않을까?

전쟁은 다수의 생명, 건강, 가족은 물론 그들의 행복까지 빼앗아간다. 결과적으로 승리를 거둔 누군가는 이익을 얻을 수도 있겠지만, 그보다 훨씬 많은 사람들이 행복한 일상을 잃게 된다. 우리는 전쟁의 참혹함을 기억하고, 다시는 이런 비극이 반복되지 않도록 평화를 위해 노력해야 한다.

문학 속 전쟁과 평화

이범선의 『오발탄』은 한국전쟁 이후의 절망적인 사회상과 비참한 현실에 희생되는 소시민의 비극을 보여준다. 성실하게 일해도 가난에서 벗어나지 못하는 주인공, 전쟁 트라우마로 정신 이상이 되어 '가자!' 소리만 되뇌는 어머니, 생활고에 시달려 과거의 발랄함을 잃은 채 아이를 낳다 죽는 아내, 상이군인이 되어 방황하다가 가난에서 벗어나려 권총 강도를 저질러 수감되는 동생까지. 주인공의 가족들은 모두 전쟁 이후 자기 삶을 온전히 살지 못한다.

깊이 들여다보기

1950년 6월 25일 이후 한국전쟁이 계속되면서 우리나라의 온 국토는 폐허가 되고 수많은 가족들이 뿔뿔이 흩어졌다. 그렇게 평범했던 사람들의 삶은 한순간에 무너져 내렸다. 전쟁은 인간의 가장 기본적인 욕구와 행복을 앗아가는 무서운 시간이다. 우리는 현재 대한민국이 종전 국가가 아닌 휴전 국가라는 사실을 잊어서는 안 된다. 겉으로는 평화로워 보이지만, 언제든 다시 전쟁이 일어날 수 있는 불안정한 상황인 것이다.

그러므로 우리는 지금 누리는 전쟁 없는 일상이 얼마나 소중하고 감사한지 매 순간 깨닫고 행복을 누려야 한다. 아침에 눈을 떠서 학교나 직장에 가고 친구들과 웃고 떠들고 저녁에 편안한 집으로 돌아와 가족과 함께 식사하는 이 모든 평범한 순간들이 전쟁을 겪는 이들에게는 꿈같은 행복이라는 것을 기억해야 한다. 더 나아가 전 세계의 평화를 위해 작은 노력이라도 기울여야 한다. 우리 모두가 평화의 소중함을 깊이 생각하고, 이를 지키기 위해 함께 노력할 때 진정한 행복을 누릴 수 있을 것이다.

행복한 삶을 위한 경제적 조건 - 루스벨트 기념관

행복한 삶을 실현하기 위한 조건

미국 워싱턴 D.C.에 위치한 프랭클린 델라노 루스벨트 기념관에 가면 미국 제32대 대통령 루스벨트의 업적과 그가 살았던 시대를 보여주는 다양한 조각, 조형물, 사진 등을 볼 수 있다. 그중 낡은 코트와 모자를 착용한 다섯 명의 남성이 시선을 떨군 채 힘없이 줄을 서 있는 조형물이 눈길을 끈다. 이들은 무엇을 위해 줄을 서 있는

것일까? 빵을 배급받기 위해 줄을 선 실업자들의 모습은 대공황 시기의 경제적 어려움과 빈곤의 아픔을 상징하며, 그들의 표정과 자세에서 절망감과 침울함이 고스란히 느껴진다.

경제적인 어려움으로 인해 며칠째 굶거나 추운 겨울 추위를 피할 수 있는 집이 없어 거리로 내몰린 상황에서 과연 "나는 행복하다."라고 말할 수 있을까? 경제적으로 빈곤한 상황에서는 기본적인 삶의 조건을 충족하기가 어렵다. 따라서 행복한 삶을 실현하기 위해서는 경제적 안정이 중요하며 일정 수준 이상의 소득을 통해 생계를 유지해야만 최소한의 인간다운 삶을 살 수 있다. 그렇다면 경제적 안정은 개인의 능력과 노력에 의해 실현 가능한 일일까? 또 소득이 높아질수록 행복도 계속해서 증가할까?

 **생각 넓히기**

행복한 삶을 실현하려면 삶의 질을 유지할 수 있는 경제적 안정이 뒷받침되어야 한다. 물론 개인이 느끼는 삶에 대한 만족감과 같은 주관적인 기준도 중요하긴 하지만 그것만 충족된다고 행복이 실현되는 것은 아니다. 그와 더불어 주거, 소득, 고용과 같은 객관적인 요소도 조화롭게 실현되어야 한다.

행복을 위해 경제적 안정은 매우 중요한 요소다. 이를 위해서 개인은 경제적 안정을 이룰 수 있는 기반을 마련해야 한다. 생계유지를 위한 지속적인 소득을 확보하고 체계적인 재정 관리와 예상치 못한 상황

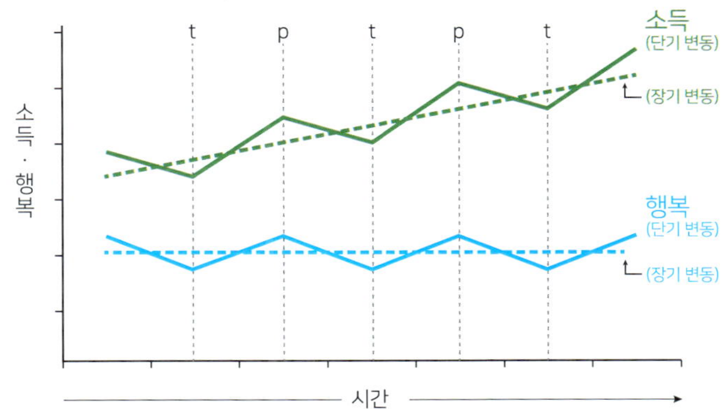

에 대한 대비도 중요하다. 하지만 개인의 노력만으로 경제적 안정을 이루기는 어려울 수 있다. 따라서 국가는 재정 정책을 통해 경제를 활성화하여 국민소득 수준을 높여야 한다. 그와 더불어 실업급여, 기초생활보장 등 다양한 복지 제도를 마련하여 사회적 안전망을 강화하고 경제적 어려움에 처한 개인을 지원해야 한다.

 ## 깊이 들여다보기

소득이 높아질수록 행복도 계속해서 증가할 수 있을까? 내 월급이 200만 원에서 300만 원으로 올랐다면 어떨까? 뛸 듯이 기쁠 것이다. 그런데 만약 옆 사람의 월급은 350만 원으로 인상되었다면 어

이스털린이 파악한 소득과 행복의 관계

그래프에서 소득은 꾸준히 증가하는 추세지만 중간에 오르고 내리고 하는 변동을 보인다. 반면에 행복도는 소득과 관계없이 거의 일정한 추세를 보이지만 주관적 행복이다 보니 경기의 변화에 따라 영향을 받게 된다. 경기가 호황이면 행복해지고 불황이면 우울해지는 것이다. 하지만 이 변동은 일시적이다. 소득이 장기적으로 증가한다고 해서 행복이 장기적으로 올라가는 것은 아니다. 행복은 다시 원래의 수준으로 돌아온다. 그래서 기간을 짧게 보면 행복과 소득은 상관관계인 듯이 보이지만 장기적으로 보면 서로 관계가 없는 것으로 보인다. 이스털린의 주장을 한마디로 요약하면 이렇다. "소득 증가와 행복의 변화는 장기적으로 관계가 없다."

맹자의 항산과 항심

맹자의 가르침 중에 항산(恒産)과 항심(恒心)에 대한 내용이 있다.

"항산이 없어도 항심을 갖는 것은 오직 선비만이 할 수 있다. 백성들에게 항산이 없으면 그로 인해 항심도 없어지고, 항심이 없어지면 방탕하고 편벽되고 사악해져 못하는 짓이 없게 된다. 훌륭한 임금은 백성의 항산을 제정하되 반드시 위로는 부모를 섬길 수 있게 하고, 아래로는 처자를 부양할 수 있게 하여 풍년에는 종신토록 배부르게 먹고 흉년에는 굶어 죽지 않게 해야 한다."

여기서 '항산'은 백성의 먹거리, 즉 일정한 생업이고, '항심'은 일정한 도덕심이다. 맹자는 일반 백성들이 생업이 없으면 악한 행동을 저지를 수밖에 없다고 지적한 것이다. 먹고 사는 것이 안정되지 않으면 마음의 안정도 없다는 말로, 훌륭한 임금은 백성들에게 안정된 생업을 보장해 주어야 하며 이것이 정치의 근본이라는 의미다.

떨까? 여전히 기분이 좋을 수 있을까?

경제적 안정을 의미하는 '먹고살 만한 수준'에는 절대적인 기준이 없다. 사람들은 자신의 절대적 소득 수준보다 주변 사람들과의 상대적 비교에 더 민감하다. 내 월급이 올랐어도 동료의 월급이 더 많이 올랐다면 오히려 불만족을 느끼는 것이다.

미국의 경제학자 리처드 이스털린은 1974년 흥미로운 현상을 발견했다. 한 나라의 경제가 성장하고 국민소득이 지속적으로 증가해도 국민의 평균 행복도는 일정 수준 이상 높아지지 않는다는 것이다. 이를 '이스털린의 역설(Easterlin Paradox)'이라 부른다. 그는 이러한 역설이 나타나는 주요 원인으로 '상대적 비교'를 꼽았다. 개인의 소득이 증가해도 주변 사람들의 소득이 함께 증가하면, 자신의 상대적 위치는 변하지 않기 때문에 행복감 역시 크게 증가하지 않는다는 것이다.

이스털린의 역설은 우리에게 중요한 통찰을 제공한다. 타인과의 비교에서 벗어나 자신만의 행복 기준을 세워야 한다는 점이다. 경제적 안정은 행복의 필요조건이지만 충분조건은 아니다. 의미 있는 관계, 건강, 자아실현과 같은 비경제적 요소들도 함께 고려해야 진정한 행복에 가까워질 수 있을 것이다.

행복한 삶을 이끄는 도덕적 실천 – 연탄 한 장에 담긴 진심

Ⅱ. 인간, 사회, 환경과 행복

행복한 삶을 실현하기 위한 조건

요즘은 연탄을 쉽게 찾아볼 수 없지만, 여전히 추운 겨울을 연탄 한 장에 의존할 수밖에 없는 이웃들이 있다. 비싼 난방비가 부담되어 연탄보일러를 사용하는 저소득층 어르신들이 그들이다. 그분들이 따뜻한 겨울을 보낼 수 있도록 초겨울마다 배달이 어려운 곳까지 무거운 연탄을 나르는 봉사자들이 있다. 줄지어 서서 힘든 기색 없이 연탄을 나르는 봉사자들의 마음은 차가운 겨울 공기마저 따뜻하게 만드

는 듯하다. 타인을 배려하고 곤경에 처한 이들을 돕는 이러한 도덕적 실천은 단순한 선행에 그치는 것이 아니라 우리 삶에 깊은 의미와 기쁨을 불러일으킨다. 그렇다면 왜 이런 행동이 우리 내면에 행복감을 불러일으키는 걸까? 도덕적 실천과 행복은 어떻게 연결되어 있을까?

사람들은 아무런 대가 없이 봉사 활동을 하거나 어려운 사람들을 도울 때 내적 만족감과 행복을 느끼기도 하는데 이를 '헬퍼스 하이(Helper's high)'라고 한다. 헬퍼스 하이는 미국의 내과의사 앨런 룩스가 『선행의 치유력』이라는 책에서 최초로 밝힌 개념이다. 앨런이 3,000여 명의 자원봉사자들을 대상으로 한 연구를 통해 그들 중 대다수가 남을 도와준 후 혈압과 콜레스테롤 수치가 낮아졌고 행복을 느낄 때 분비되는 '엔도르핀'이 정상치의 3배 이상 분비되었다는 것을 알아냈다. 즉 사람들은 선행을 통해 얻게 되는 특별한 쾌감을 계속 느끼기 위해 스스로 시간을 내어 자원봉사를 하고 사회 문제에도 적극적으로 나서 다른 사람들을 돕는 것이다. 행복한 마음으로 남을 돕는 것이 건강한 삶의 필요조건인 셈이다. 이처럼 남을 돕는 행동은 결과적으로 도움을 받는 사람과 돕는 사람 모두에게 실질적인 혜택을 가져다준다.

 ## 생각 넓히기

EBS 〈다큐프라임〉에서는 11명의 대학생 실험자들에게 도덕성에 대한 간단한 인터뷰를 하고 사례금 10만 원을 줄 것이라는 사실을 전화로 미리 말해 주었다. 그리고 다음 날 인터뷰를 마치고 15만 원이 든 사례

금 봉투를 건네고 반응을 살펴보았다. 과연 참가자들은 어떠한 반응을 보였을까? "15만 원 맞죠?"라고 재차 확인하자 7명의 실험자는 "네."라고 하며 주저 없이 봉투를 받았다. 이와 달리 4명은 그 자리에서 약속한 사례금은 10만 원이었다고 솔직하게 말했다. 이는 도덕적 행동에는 용기와 민감성이 필요하다는 것을 보여주는 유명한 실험이다. 평범한 사람들의 일상 속 도덕에는 판단력, 용기, 의지가 필요하다. 만약 당신이 같은 상황에 처한다면 어떻게 반응했을까?

최근 연구는 도덕적 정체성, 공감 능력, 사회적 연결 등이 행복과 밀접하게 관련되어 있음을 보여준다. '도덕지수가 높은 아이가 경쟁력이 높고 행복지수가 높다'는 사실은 서울대학교 심리학과 곽금주 교수가 300명을 대상으로 한 연구에서 뚜렷하게 나타난 결과다. 이 실험은 도덕적 실천이 단순한 행동을 넘어 개인의 행복과 사회적 성공에 중요한 역할을 한다는 점을 보여준다.

아동기 아이들에게 규칙을 어겨야만 성공할 수 있는 과제를 내면, 거의 모든 아이는 칭찬을 받고 싶어서 규칙을 어기고 과제에 성공한다. 도덕성의 차이가 드러나는 것은 그 다음이다. 규칙을 어긴 사실이 드러났을 때 또 다른 거짓말로 넘어가는 아이와 잘못을 인정하는 아이 중 누가 성공적이고 행복한 삶을 살게 될까?

답은 후자의 아이다. EBS 〈다큐프라임 : 아이의 사생활〉 2부에서는 도덕성이 높은 아이들이 유혹을 잘 이겨내고 규칙을 준수하며 타인을 배려하는 행동을 더 많이 했다는 실험 결과를 보여주었다. 즉 도덕성이 높은 아이들은 장기적으로 더 건강한 사회적 관계를 형성하고 신뢰받는 인물로 성장할 가능성이 크다는 말이다.

깊이 들여다보기

"착하면 손해 본다."는 말은 우리가 살면서 겪는 불공평한 상황에서 나오는 푸념일 때가 많다. 단기적으로는 착한 행동으로 자신이 손해를

〈울지마 톤즈〉를 통해 본 행복

이태석 신부의 삶은 나눔이 주는 행복을 온몸으로 보여주는 감동적인 사례다. 아프리카 수단 톤즈의 열악한 환경 속에서 그는 의사이자 사제로서 아픈 이들을 돌보고 학교를 세워 아이들에게 교육의 기회를 제공하고 브라스 밴드를 만들어 희망을 심어주었다.

고된 봉사의 삶 속에서도 이태석 신부는 늘 "Everything is good!"이라고 말하며 내면의 충만한 행복을 느꼈다. 그는 자신의 모든 것을 바쳐 타인의 행복을 위해 살았지만, 그 과정에서 진정한 기쁨과 만족을 찾을 수 있었다. 그의 삶 자체가 도덕적 실천이 개인의 행복으로 이어진다는 살아있는 증거인 셈이다.

보는 것처럼 느껴질 수 있다. 예를 들어 누군가를 돕느라 내 시간을 사용하거나 내가 얻을 수 있었던 기회를 양보할 때가 그렇다. 하지만 착한 사람에게는 신뢰가 쌓이고, 그 신뢰는 장기적으로 인간관계, 직장 생활, 심지어 사회적 성공에 긍정적인 영향을 미친다. 또한 착한 행동을 통해 얻은 내면의 평화와 자존감은 스트레스를 줄이고 정신 건강에도 긍정적인 영향을 준다. 즉 도덕적 실천은 개인의 행복과 사회적 성공에 긍정적인 영향을 미치는 중요한 요소이며, 남을 돕거나 올바른 행동을 했을 때 느끼는 내면의 뿌듯함과 만족감은 돈이나 명예로는 살 수 없는 진정한 행복으로 이어진다.

소소한 일상의 행복 – 개인의 만족감

II. 인간, 사회, 환경과 행복

행복의 기준과 의미

한 남자가 고요한 호숫가에서 의자에 기댄 편안한 모습으로 앉아 있다. 그의 뒷모습을 보는 순간 어떤 감정이 느껴지는가? 자연이 선사하는 순간의 행복을 온몸으로 느끼며 모든 근심이 잔잔한 물결 속으로 사라진 듯 느긋한 표정을 하고 있을 것만 같다. 물가에 놓인 작은 주전자에서 퍼지는 따뜻한 차 향기와 함께 그의 행복이 전

해져 오는 듯하다. 우리는 일상 속 번잡함을 잊고 여유 있는 시간을 찾아 평화로운 호숫가에 머물며 '물멍'을 하는 순간, 이것이 진정한 행복이라고 느낄 것이다.

　과거에는 주거, 고용, 소득과 같은 비교가 가능한 객관적인 요소들이 인생의 행복을 결정짓는 조건으로 여겨졌다. 하지만 요즘은 자기가 좋아하는 일을 하면서 성취감을 느끼고 성장하는 것을 중요하게 생각하는 사람들, 즉 물질적인 소유보다 여행이나 취미 활동처럼 자신만의 특별한 경험을 통해 만족감을 얻는 사람들이 많아졌다. 현대인들이 일상에서 행복을 느끼는 주관적인 요소는 정말 다양하다. 그중 건강과 마음의 안정, 좋은 인간관계, 개인의 만족감, 여가와 휴식, 소소하고 긍정적인 경험, 자유와 자율성은 행복을 결정짓는 조건으로 중요하게 작용한다. 현대인들의 행복은 객관적인 조건과 더불어 나의 마음이 얼마나 만족하고 편안한가, 일상 속에서 얼마나 긍정적이고 의미 있는 순간들을 많이 경험하는가에 달려 있다.

 ## 생각 넓히기

지속가능발전해법네트워크(SDSN)는 매년 '세계행복보고서'를 통해 국가별 행복 순위를 발표한다. 『세계행복보고서 2025』에 따르면 1위는 핀란드였다. 핀란드는 8년 연속 가장 행복한 국가에 올랐다. 연구진은 배려와 나눔이 사람들의 행복에 미치는 영향을 집중적으로 분석했고, 그 결과 타인의 친절에 대한 믿음이 생각보다 행복과 더 긴밀히 연

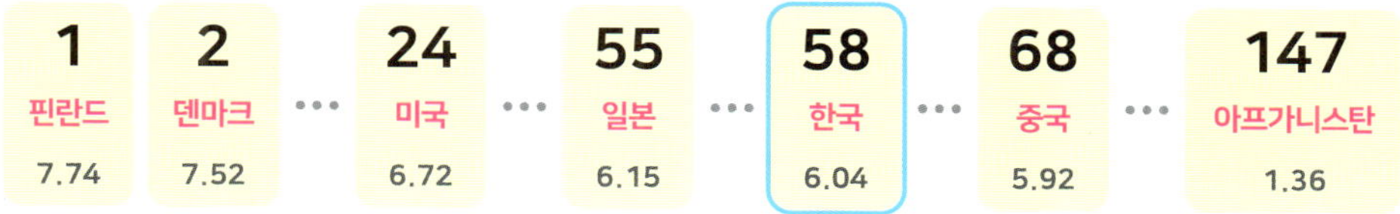

결돼 있음을 발견했다. 아울러 타인과 함께 자주 식사하는 사람이 더 행복한 것으로 나타났다. 그러면서 홀로 식사하는 사람들의 증가는 행복지수가 떨어지는 이유 중 하나이며 동아시아 국가, 특히 한국과 일본에서 1인 가구 증가와 인구 고령화로 혼자 밥 먹는 사람들이 늘어나고 있다고 덧붙였다. 잦은 혼밥이 행복감을 떨어뜨린다는 얘기다.

깊이 들여다보기

행복이라는 말을 모르는 사람은 거의 없다. 하지만 행복이 무엇이냐는 물음에 답하는 것은 매우 어려울 뿐 아니라 사람마다 다른 대답을 내놓을 수밖에 없다. 그래서 과거부터 오늘날까지 행복에 대해 이야기하는 동서양의 이론은 매우 다양하다.

아리스토텔레스는 행복을 인간 삶의 궁극적인 목적이자 최고선이라고 보았다. 그는 인간으로서 이성을 잘 발휘하고 덕을 실천하는 삶을 살아야 행복을 얻을 수 있다고 했다. 에피쿠로스는 행복을 쾌락이라고 보았으며, 이는 신체적인 고통과 정신적인 불안이 없는 평정심에

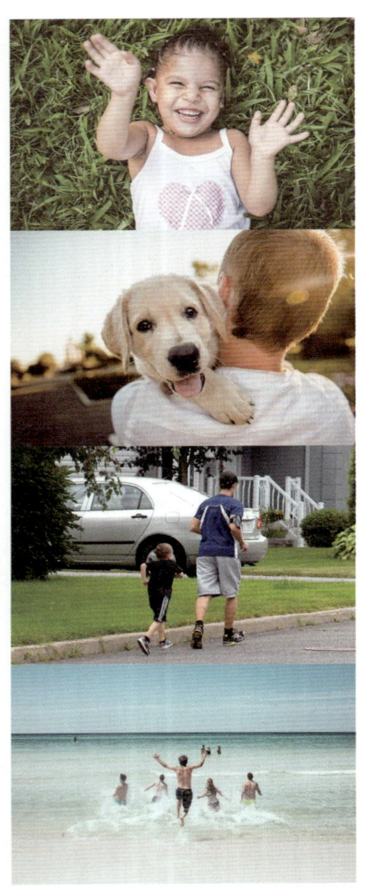

아이의 웃음소리, 반려동물과의 교감, 가벼운 운동, 여행은 우리에게 행복감을 주는 순간들이다.

도달한 상태를 의미했다. 불교에서는 고통에서 벗어나 해탈의 경지에 이르는 것을 행복이라고 보았다. 이렇듯 명확한 답이 없는 행복이 무엇이냐는 질문은 우리 모두에게 주어진 숙제와 같다. 이제는 스스로에게 '나의 행복은 어디에 있을까?'라고 물으며 깊이 성찰할 시간이다.

신과 함께하는 영원한 행복을 위해서

행복의 기준과 의미

유럽의 한 성당 벽에 새겨진 이 조각은 한 사람이 다른 이에게 황금빛 열쇠를 건네는 모습이다. 오른쪽의 열쇠를 쥐고 있는 인물은 예수이고 왼쪽의 무릎을 꿇고 있는 인물은 제자 베드로다. 예수가 베드로에게 건네는 열쇠는 무엇을 의미할까?

중세 시대 사람들에게 행복은 오늘날 우리가 생각하는 물질적 풍요

**사크레 쾨르 대성당 내부의
돔 천장 모자이크**

중세의 행복관은 '신과의 관계'와 '영혼의 구원'에 초점이 맞춰져 있어 유럽에 있는 많은 성당의 벽화와 장식 등 다양한 예술 작품을 통해 예수를 통한 구원의 메시지와 영원한 삶에 대한 간절한 소망을 생생하게 표현했다. 프랑스 파리 몽마르트르 언덕에 있는 사크레 쾨르 대성당에 있는 이 작품은 크리스트교의 신성함과 예수가 보여주는 구원의 메시지를 표현한다.

나 개인적 성취와는 전혀 달랐다. 그들에게 행복은 '신의 구원'과 '영원한 삶'에 대한 확신 속에서 완성되는 것이었다. 이 세상의 고통과 시련은 잠시일 뿐이고 신의 은총 아래 영혼이 구원받는 순간 진정한 행복이 시작된다고 믿었다. 그래서 그 시대의 행복은 신앙과 영혼의 안녕 그리고 신과의 관계에 깊이 뿌리내리고 있었다. 조각 속 베드로가 받게 될 열쇠는 '천국의 열쇠'이며 이는 신의 구원을 통해 얻는 '행복'을 상징한다. 당신이 만약에 중세 시대를 살아가는 유럽인으로서 베드로처럼 천국의 열쇠를 받는다면 행복을 느낄 수 있을 것이다.

그렇다면 현대를 살아가는 우리에게 행복은 무엇일까? 행복의 기준은 시대와 지역에 따라 끊임없이 변해왔다. 고대 그리스 철학자들은 덕과 이성을 통해 행복을 추구했고, 근대에 이르러서는 개인의 자유와 권리, 물질적 풍요가 행복의 중요한 요소로 자리 잡았다. 오늘날 우리는 심리적 만족, 자아실현, 사회적 관계 등 다양한 차원에서 행복을 탐구한다. 이처럼 '행복'이라는 개념은 고정된 것이 아니라, 각 시대와 문화가 처한 환경과 가치관에 따라 다르게 정의되고 경험되어 왔다.

 ## 생각 넓히기

중세 시대 크리스트교에서 말하는 행복은 현세적인 쾌락이나 성공과는 거리가 먼, 신과의 관계 속에서 얻어지는 영적인 만족과 구원에 초점을 두었다. 아우구스티누스는 인간의 진정한 행복은 신 안에서만 찾을 수 있다고 보았으며, 토마스 아퀴나스는 신을 향한 사랑과 지적 관조를 통해 행복이 실현된다고 주장했다. 이러한 관점에서 중세 크리스트교는 세속적 욕망을 절제하고 신앙을 통해 내면의 평화를 추구하는 삶을 강조했다. 이러한 행복관은 고대 그리스 철학의 행복론과 대비되며, 크리스트교적인 가치관에 따라 재해석된 것이다. 중세의 행복관은 '신과의 관계'와 '영혼의 구원'에 초점이 맞춰져 있어 고대 그리스의 인간 중심적, 이성 중심적 행복관과는 차이가 있었다.

 **중세 스콜라 철학의 거장 토마스 아퀴나스**

토마스 아퀴나스는 이탈리아 출신의 로마 가톨릭 신부이자 철학자, 신학자다. 그는 아리스토텔레스 철학을 크리스트교 신학에 체계적으로 접목시켜 '신학과 철학의 통합'을 이뤄냈다. 그의 사상은 이후 서양 철학과 신학에 지대한 영향을 끼쳤다. 그는 인간의 궁극적 목표가 '신과의 일치'라고 보았으며, 신과 함께하는 것을 영원한 행복이라고 강조하고 현세의 삶을 이 목표를 향한 준비 과정으로 보았다.

아리스토텔레스의 에우다이모니아는 '행복'이자 '삶의 목적'이며, 인간 존재의 완성 상태로 이해할 수 있다. 에우다이모니아는 그리스어로 '좋은 영혼'을 뜻하는 말에서 유래했으며 흔히 '행복'으로 번역된다. 하지만 이는 단순한 감정적 쾌락이나 순간적인 기쁨이 아니라 '중용의 삶', '이성적 판단과 도덕적 행위를 통한 좋은 삶의 완성'을 의미한다. 즉, 인간이 자신의 본성을 가장 잘 실현하며 도덕적 탁월성을 발휘하는 상태를 가리킨다. 중세 철학자들은 아리스토텔레스의 에우다이모니아 개념을 수용하여 신앙적 맥락에서 영원한 행복, 즉 천국에서의 삶을 최고의 목표로 제시했다.

깊이 들여다보기

중세 시대 크리스트교의 행복관이 현대 사회에 주는 시사점은 무엇일까? 첫째, 물질만능주의를 넘어서는 행복의 추구다. 이는 행복이 단순한 물질적 충족을 넘어 내면의 평화, 비물질적 가치의 추구를 통해 실현될 수 있음을 깨닫게 해준다. 둘째, 공동체적 유대감과 소속감의 중요성이다. 현대 사회는 개인주의가 심화되면서 고립감을 느끼는 사람들이 늘고 있지만, 중세 시대에는 교회가 개인의 삶에서 매우 중요한 공동체로 자리하여 사람들은 그 안에서 함께 신앙생활을 하며 행복을 추구했다. 셋째, 중세 크리스트교에서는 고난과 역경을 신의 뜻으로 받아들이고 이를 통해 영혼이 정화되고 성장한다고 믿었다. 이는 현대 사회에서 고난을 무조건 피해야 하는 것이라 여기며 부정적으로만 바라보는 시각과 대조적이다. 중세의 관점은 우리가 역경에서 의미를 찾고 이를 통해 더 단단해질 수 있다는 회복 탄력성의 중요성을 시사한다.

이렇듯 중세 크리스트교의 행복관은 현대 사회가 놓치고 있는 비물질적 가치, 삶의 의미, 공동체의 중요성, 그리고 고난을 대하는 지혜로운 태도 등 다양한 측면에서 깊은 통찰을 제공하고 있다.

행복한 삶을 위한 쾌적한 정주 조건 – 인도 다라비를 가다

사진 속 동네 인도 다라비에 사는 사람들에게 가장 필요한 것은 무엇일까? 다라비는 아시아 최대 규모의 빈민가로, 수많은 사람이 빽빽하게 들어선 좁고 낡은 판잣집에서 살아가는 곳이다. 2층에 오를 때는 계단이 아니라 사다리를 이용해야 하고, 각 집에 화장실이 마련되어 있지 않아 주민 200명이 1개의 공동 화장실을 이용해

야 할 정도다. 집들 주변은 온갖 쓰레기로 뒤덮여 있어 사람이 지나다니기조차 힘들다. 다라비 주민들은 기본적인 위생과 안전조차 보장받지 못한 채 하루하루를 버티며 살아가고 있다. 이처럼 열악한 환경에서는 질병과 사고의 위험이 높고 아이들이 마음껏 뛰어놀 공간도 부족하다. 깨끗한 물과 위생시설이 부족해 건강을 위협받고, 좁고 불안정한 주거 구조는 심리적 스트레스를 가중시킨다. 결국 이런 환경은 인간다운 삶을 누리기 어렵게 만들어 행복과 안정에서 멀어질 수밖에 없다.

사람들이 안전하고 쾌적한 환경에서 살기 위해서는 기본적인 정주 조건이 충족되어야 한다. 정주 조건은 인간이 살아가는 터전을 둘러싼 환경으로, 주거부터 교통, 교육, 의료, 문화, 자연환경까지 일상생활 전 영역을 광범위하게 포함한다. 충분한 공간과 깨끗한 물, 위생적인 화장실과 쓰레기 처리 시스템, 안전한 건물이 필수적이다. 또한 공원이나 녹지 공간 같은 휴식처와 편리한 교통, 교육과 의료 서비스 접근성도 중요한 요소다. 무엇보다 주민들이 스스로 삶을 꾸려갈 수 있도록 자립과 참여를 지원하는 사회적 환경도 함께 조성되어야 한다.

통계지리정보를 활용한 주거지 추천 서비스

'살고 싶은 우리 동네' 서비스를 활용하여 원하는 지역과 본인의 생활 스타일을 선택하면 주거지 추천 지역과 그 지역에 대한 정보를 확인할 수 있다. 사용자가 살고 싶은 동네를 찾기 위해 선택할 수 있는 지표로는 '주택, 지역인구, 안전, 생활편의교통, 복지문화'가 있다.

생각 넓히기

우리나라에도 인도의 다라비와 같이 주거 환경이

불량한 주택들이 존재할까? 주거 환경의 열악함이라는 측면에서는 우리나라의 '쪽방촌'도 다라비 못지않게 심각한 수준이라고 볼 수 있다. 쪽방이란 말 그대로 아주 작은 방인데 보통 보증금 없이 월세나 일세를 내고 사는 2평 안팎의 아주 좁은 주거 공간이다. 이 작은 공간에는 부엌, 세면실, 화장실 등 기본적인 시설이 갖춰져 있지 않은 경우가 대부분이다. 다라비는 도시화 과정에서 형성된 수십만 명이 거주하는 대규모 무허가 판잣집 형태의 주거지인 반면, 우리나라의 쪽방촌은 기존 건물의 내부를 쪼개어 만든 초소형 주거 공간들이 밀집된 형태다. 쪽방촌에는 도시 빈곤층, 노숙인, 독거노인, 장애인 등 사회적 취약 계층이 주로 거주하기 때문에 '도시 최후의 거처'라고 불리기도 한다. 이밖에 우리나라에 존재하는 반지하, 옥탑방, 고시원 등도 인간다운 삶을 위한 최소한의 주거 기준에도 미치지 못하는 열악한 주거 환경으로 분류된다.

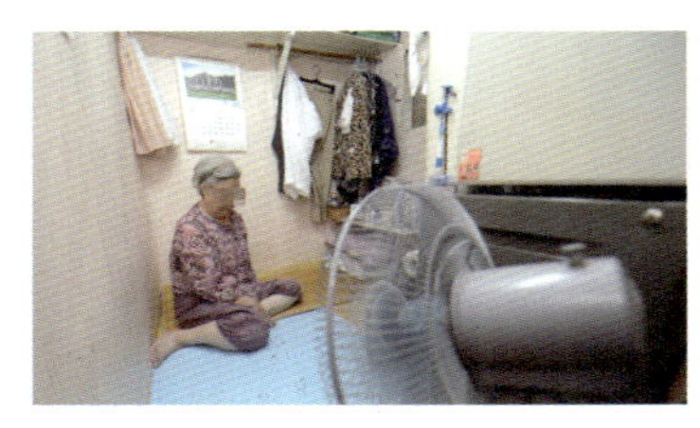

창신동 쪽방촌

서울 창신동의 쪽방촌에는 창문도 없고 지붕은 햇빛을 그대로 흡수하는 슬레이트 판자로 지어진 집이 많다. 이곳은 열기가 배출되지 않는 구조여서 한여름 실내 기온은 30도를 훌쩍 넘어간다. 폭염 속 쪽방촌의 여름은 더없이 괴롭다.(출처: 「연합뉴스」)

깊이 들여다보기

우리 조상들도 '어디에 살아야 행복할까'를 중요하게 생각했다. 그 생각이 드러나는 대표적인 책이 바로 이중환의 『택리지』다. 『택리지』는 조선 시대의 지리서로, 사람이 살기 좋은 이상적인 정주 조건으로 지

살기 좋은 도시, 오스트리아 빈

영국 시사주간지 『이코노미스트』가 매년 선정하는 '세계에서 가장 살기 좋은 도시'에서 오스트리아 빈이 3년 연속 1위를 차지했다. 세계 173개 도시의 안정성, 의료, 문화·환경, 교육, 인프라 등 5개 항목을 평가한 결과로, 빈은 이 중 4개 항목에서 만점을 받았다.

빈은 대중교통 시스템이 잘 갖추어져 있어서 대중교통 이용률이 높고 자동차 의존도가 낮다. 또한 1인당 공원 면적이 세계에서 가장 넓은 도시로 빈 총면적의 50% 이상이 녹지 공간이다. 이러한 풍부한 녹지 공간과 공원은 시민들이 마음의 여유를 찾게 해주어 삶의 질을 높여준다.

리(地理, 풍수지리적 명당), 생리(生利, 경제적 이점과 생활의 편리함), 인심(人心, 좋은 이웃과 공동체), 산수(山水, 산과 물이 아름다운 경치)를 제시했다. 이는 사람이 살기 좋은 땅의 조건을 단순히 풍수지리적인 관점을 넘어 실제 삶에 필요한 다양한 요소들을 종합적으로 고려하여 체계적으로 설명한 점에서 오늘날 사람들이 행복을 위해 어디에서 살아야 할지 고민하는 것과 많이 닮아 있다.

행복으로 이끄는 민주주의의 발걸음 – 투표

우리는 정말 행복한 삶을 살고 있을까? 만약 그렇다면 그 행복은 어디에서 오는 걸까? 손가락에 찍힌 빨간 도장은 단순한 잉크 자국이 아니다. 그것은 우리가 이 사회의 주인임을 증명하는 표시이자 우리가 행복한 삶을 실현하는 데 중요한 역할을 하고 있음을 보여주는 증표다. 시민들이 투표를 통해 자신의 권리를 행사하고 사

회의 의사결정에 참여하는 과정에는 '내가 이 사회의 주인이다'라는 자부심과 '내 삶은 내가 결정한다'라는 자유의지가 담겨 있다. 투표권은 민주주의의 가장 기본적이고 핵심적인 권리다. 투표를 통해 시민은 자신을 대표할 정치인을 선택하고 국가의 정책 방향을 결정하는 데 직접 참여할 수 있다.

그렇다면 민주주의는 우리의 행복한 삶과 어떻게 연결되어 있을까? 민주주의가 발전할수록, 그리하여 정치 참여가 활발해질수록 시민들은 정치적 의사를 제대로 전달할 수 있고 이를 통해 시민의 권리는 온전히 보장될 수 있다. 민주주의는 우리의 자유와 권리를 보장하고 사회적 안정과 신뢰를 만들어내며, 나아가 자아실현의 기회를 제공하기 때문에 민주주의가 발전할수록 우리는 더 큰 만족과 행복을 느낄 수 있다. 이제 민주주의가 어떻게 개인과 사회의 행복에 기여하는지, 그리고 민주주의 정치 제도에 시민 참여가 왜 필수적인지 살펴보자.

 ## 생각 넓히기

민주주의가 실현되지 않은 나라에서는 시민의 자유와 권리가 제한되고 권력이 소수에게 집중되어 사회 불평등과 갈등이 심화되는 경향이 있다. 실제로 베네수엘라에서는 우고 차베스가 대통령 자리에 있는 동안 독재정치로 인해 실질적인 시민의 정치

참여가 어려웠다. 이는 사회 갈등과 경제 위기를 심화시켜 베네수엘라 국민의 삶을 더욱 어렵게 만들었다. 스페인어 "VOTA O BOTA"는 "투표하라! 아니면 내쫓아라!"라는 뜻이다. 이는 투표를 통해 정치적 변화를 이뤄내거나 부패하고 무능한 정권을 국민의 힘으로 몰아내야 한다는 강력한 메시지를 담은 구호다. 시민들이 정치에 참여해 자신의 의견을 표현할 수 없다면 사회는 불안정해지고 국민 개개인의 행복도 크게 저해될 수밖에 없다.

깊이 들여다보기

민주주의는 단순한 정치 체제가 아니라 시민 모두가 존중받고 행복한 삶을 누리기 위한 필수 조건이다. 그렇다면 민주주의 발전을 위해 시민 참여를 높일 수 있는 방안은 무엇이 있을까? 먼저 학교와 사회에서 정치교육을 강화하고 확대함으로써 시민들이 정치의 중요성을 이해하고 합리적 판단을 할 수 있도록 해야 한다. 또한 국가는 투명하고 책임감 있는 정치 문화를 조성하고 운영하여 시민의 신뢰와 참여가 증가하도록 돕는 한편, 주민청원제도, 주민참여 예산제 등 다양한 방식으로 시민들이 쉽게 의견을 내고 참여할 수 있는 환경을 만들어 정치 참여 기회를 확대해야 한다. 결국 시민의 정

2024년 민주주의 지수 상위 국가

노르웨이	9.81	뉴질랜드	9.61
스웨덴	9.39	아이슬란드	9.38
스위스	9.32	핀란드	9.3
덴마크	9.28	아일랜드	9.19
네덜란드	9	룩셈부르크	8.88

출처: World population Review 2025

2024년 민주주의 지수가 높은 상위 국가들은 높은 민주주의 수준을 유지함으로써 시민들이 더욱 행복하고 안정적인 삶을 누릴 수 있는 기반을 마련하고 있다.

군부 쿠데타에 반대하는 미얀마 민주화 시위

미얀마는 2021년 군부 쿠데타로 군사 정권이 집권하면서 시민들의 정치 참여를 강력히 억압했다. 쿠데타 직후 미얀마 민주화의 상징인 아웅 산 수 치 국가고문이 감금됐고 미얀마 일부 도시에는 계엄령이 선포됐다. 미얀마 국민의 자유와 권리는 크게 제한되었고 이로 인해 민주주의 발전은 크게 후퇴했다. 오랜 군사 독재와 권위주의 통치로 민주주의가 제대로 자리 잡지 못했음에도 미얀마 시민들은 지금까지도 군사 독재 반대 시위를 계속하며 민주주의 회복을 위해 노력하고 있다.

치 참여는 민주주의를 지키고 발전시키는 근간이며, 이를 통해 개인과 사회 모두가 더 행복하고 공정한 삶을 누릴 수 있다.

즐거움이 행복일까?
괴롭지 않은 것이
행복일까?

Ⅱ. 인간, 사회, 환경과 행복

행복의 기준과 의미

오전 5시 30분, 라오스 루앙프라방의 왓센 사원 담장을 따라 주민들이 무릎을 꿇고 앉아 있고 그 앞을 주황색 법복을 입은 맨발의 승려 수백 명이 열을 맞춰 걸어간다. 주민들은 정성스럽게 마련한 음식을 지나가는 승려들의 바리때에 조금씩 나눠 넣으며 공양을 한다. 이 의식은 하루도 빠짐없이 반복되는 '탁발'이다. 승려들은 이

공양만으로 끼니를 때우고 남은 음식을 가난한 이들에게 나눠준다.

왜 스님들은 마을이나 거리로 나가 신도들에게 음식을 받을까? 불교에서 탁발은 어떤 의미가 있을까? 탁발은 수행자가 자신의 소유를 최소화하고 물질에 대한 집착을 버리는 무소유의 삶을 실천하는 방법이다. 스님들은 자신이 먹을 만큼만 받고 욕심내지 않는다. 음식을 구걸하는 듯 보일 수 있지만 탁발은 '구걸'이 아니라 '걸식(乞食)'이라는 종교 의식이다. 즉 수행자가 자신에게 필요한 음식만을 받고 지나친 욕망과 집착을 내려놓음으로써 세속적 욕구를 초월하는 과정이다. 이 과정에서 수행자는 마음의 자유와 평화를 얻고 깨달음에 한 걸음 더 다가갈 수 있다.

또한 탁발은 수행자와 신도 사이의 상호 의존 관계를 보여준다. 스님은 신도들의 자비와 나눔에 의지해 살아가고, 신도들은 스님에게 공양함으로써 덕을 쌓는다. 이로써 '모든 존재는 서로 연결되어 있다'는 불교의 연기(緣起) 사상을 몸소 체험하게 된다. 탁발은 불교 수행의 핵심 가치인 무소유, 겸손, 상호 의존, 보시를 실천하는 신성한 행위로서 이 과정을 통해 수행자와 신도 모두가 행복과 깨달음에 한 걸음 다가갈 수 있다.

 ## 생각 넓히기

우리는 '행복' 하면 무엇을 떠올릴까? 즐거움, 만족, 풍요로움 아닐까? 만약 행복이 '괴로움이 없는 상태'를 의미한다면 어떨까? 불교에서는

범어사 템플스테이

템플스테이는 한국 불교에서 일반인들에게 사찰을 개방해서 휴식과 함께 불교 문화를 체험할 수 있도록 만든 프로그램이다. 바쁜 일상과 스트레스에서 벗어나 조용한 산사에서 진정한 휴식을 취하고 싶을 때, 마음을 비우고 정화하는 시간을 가지고 싶을 때 템플스테이가 도움이 된다. 맑은 공기를 마시며 사찰 주변을 산책하거나 고요한 환경 속에서 자신을 돌아보고 삶의 의미를 되새기는 시간을 가질 수 있어 한국을 찾는 외국인에게도 인기가 많다.

우리가 생각하는 즐거움과 만족을 넘어 괴로움이 없는 상태를 진정한 행복으로 바라본다. 다만 이는 단순히 정신적, 육체적 고통과 괴로움이 없다는 것을 의미하지 않는다.

현상 세계를 '괴로움'이라고 표현하는 불교에서 궁극적인 행복은 괴로움으로 대변되는 윤회 세계에서 벗어나는 것이다. '해탈'은 고통과 번뇌에서 벗어나는 과정을 말하고, '열반'은 해탈이 완성된 궁극의 평화와 자유의 경지를 말한다. 생사윤회의 고통에서 벗어나 진정한 자유와 행복을 누리는 상태가 열반인 것이다. 해탈을 '길'에 비유하면 열반은 '목적지'라고 할 수 있다.

우리는 수행을 통해 무엇을 비워야 할까? 불교에서는 진정한 행복을 위해 '비워야 할 것들'을 다음과 같이 제시하고 있다. 첫째, 자기 비움이다. 불교에서는 무아(無我, 자기의 존재를 잊는 것)를 강조한다. '나'라는 개별적인 존재에 대한 집착에 갇히면 세상의 모든 것을 '내 것', '나와 관련된 것'으로만 보게 되고 여기서부터 고통이 시작된다고 본다. 둘째, 욕망과 탐욕의 비움이다. 우리는 끊임없이 무언가를 채우려 하고 더 많이 가지려 하는 욕망 속에서 살아간다. 하지만 불교에서는 이러한 욕심을 적게 가지고 만족함을 아는 것을 강조한다. 셋째, 성냄과 미움의 비움이다. 다른 사람이나 상황에 대한 미움, 분노, 성냄 같은 부정적인 감정들도 비워내야 할 대상이다.

수행은 무언가를 쌓아가는 것이 아니라 비워내는 것이다. 우리가 가진 모든 집착, 물질적인 것이나 정신적인 것이나 심지어 수행의 결과에 대한 집착까지도 비워낼 때 진정한 자유와 행복을 방해하는 마음에서 해방되어 참 평화와 자유를 얻을 수 있을 것이다.

무아

세상의 모든 존재도 그 본질을 꿰뚫어 보면 속이 텅 비어 있어 실체라는 것이 없다는 의미로, '무아'란 존재론적으로 고정불변하는 실체가 없다는 말이다.

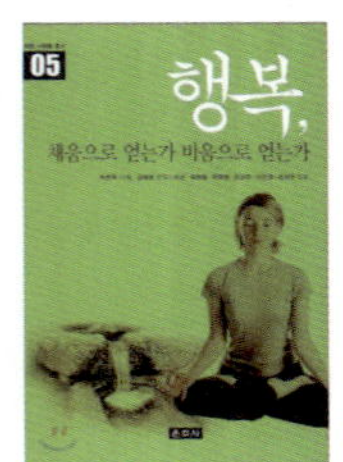

『행복, 채움으로 얻는가 비움으로 얻는가』

행복은 무엇이며, 그 행복은 어떻게 얻을 수 있는 것일까? 『행복, 채움으로 얻는가 비움으로 얻는가』는 그에 대한 답을 불교와 서양철학, 윤리학, 사회과학, 심리학의 입장에서 고찰하고 있다. '행복이란 무엇일까?'라는 질문에 대해 행복에 대한 이해와 실천을 진지하게 생각해 볼 기회를 제공한다.

Part

③

자연환경과 인간

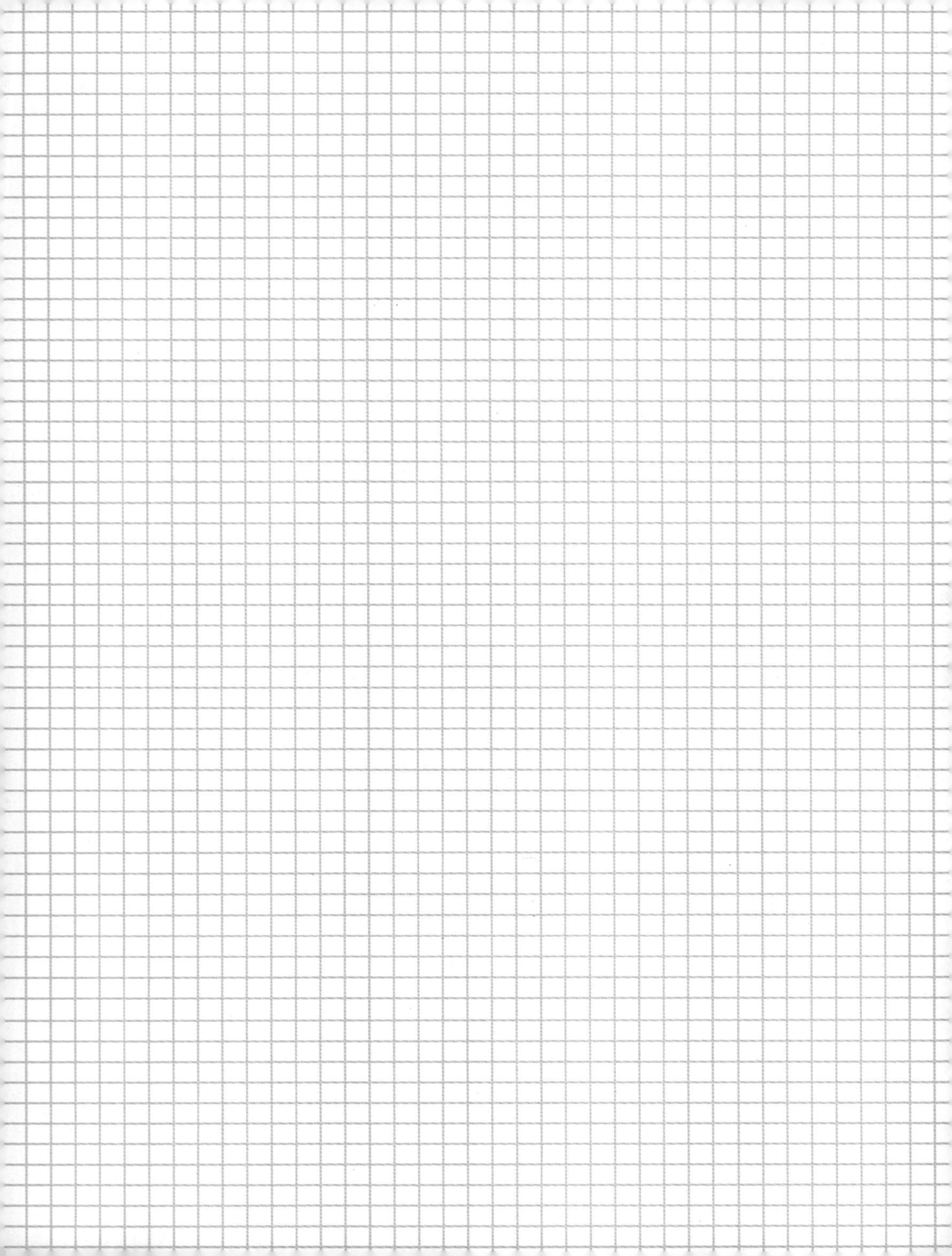

푸른 바다 위 하얀 집들의 섬, 산토리니

코발트 빛 푸른 바다가 사람들을 끌어들이는 지중해에는 누구나 한 번쯤 가보고 싶은 섬이 있다. 지중해 푸른 바다와 하늘 그리고 흰 구름이 어우러진 아름다운 경관을 그대로 옮겨놓은 듯한 산토리니섬에서 우리는 자연에 적응한 사람들의 지혜를 엿볼 수 있다. 하얀색 집들이 좁은 골목을 사이에 두고 옹기종기 모여 있는 이 마

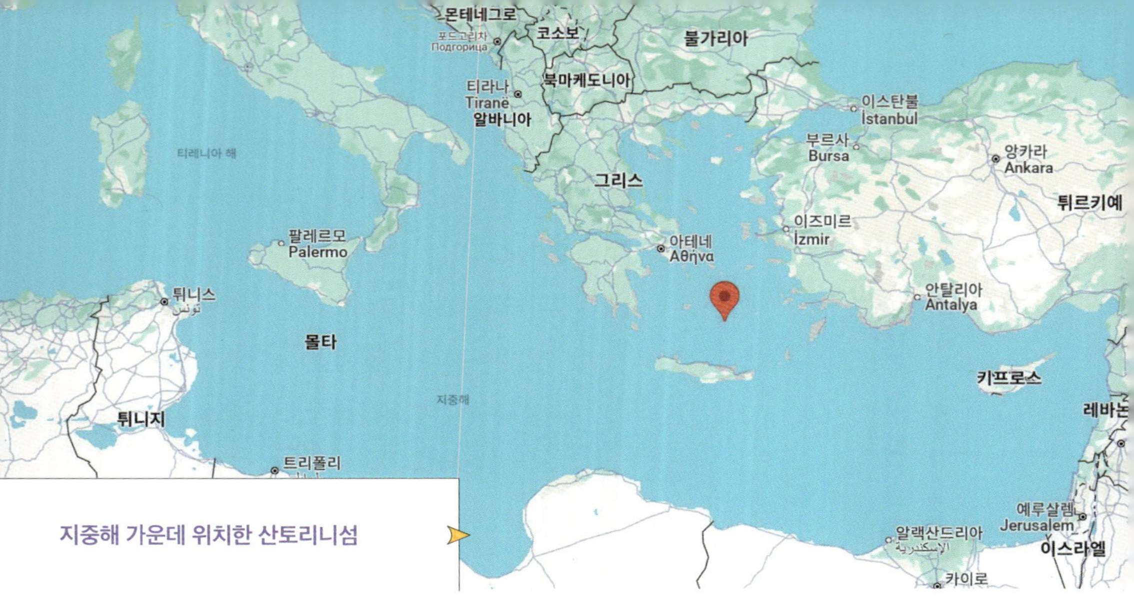

지중해 가운데 위치한 산토리니섬

을은 어떤 이유로 이런 모습을 갖게 되었을까?

기후는 위도, 지형, 수륙 분포 등 다양한 기후요인에 따라 지역별로 차이가 나타난다. 그리하여 의복, 음식 등 우리 삶의 방식에 큰 영향을 미친다. 특히 집에는 기후의 영향이 명확하게 드러난다. 산토리니섬에서는 고온 건조한 여름을 가진 지중해성 기후 지역의 대표적인 집의 형태를 확인할 수 있다. 산토리니섬의 집들은 여름의 뜨거운 태양을 피하기 위해 벽을 태양 복사 에너지 반사율이 높은 흰색으로 칠하고, 뜨거운 열기가 집안으로 들어오지 못하도록 벽을 매우 두껍게 만들었다. 또한 여름의 고온 건조한 날씨에는 그늘에 들어가면 시원함을 느낄 수 있기 때문에 집과 집 사이의 간격을 좁게 하여 골목에 그늘이 생기도록 했다.

| 열대기후 지역의 가옥 | 건조기후 지역의 가옥 | 한대기후 지역의 가옥 |

생각 넓히기

기후대별로 기후에 적응한 다양한 가옥의 형태가 나타난다. 열대기후 지역에서는 많은 강수량에 대비하기 위해 지붕의 경사를 가파르게 하고 뜨거운 지열을 피하기 위해 집의 바닥을 지면에서 띄워 짓거나 물 위에 짓는다. 건조기후 지역은 비가 오지 않기 때문에 지붕이 평평하고, 뜨거운 열기를 차단하기 위해 벽이 두껍고 창문의 크기가 작다. 한대기후 지역에서는 집안의 열기가 지면으로 전달되어 영구동토층이 녹는 것을 막기 위해 집의 바닥을 지면에서 띄워 짓는다.

깊이 들여다보기

산토리니섬은 화산섬이다. 기원전 1500년경 큰 화산 폭발로 용암이 분출했고, 그 충격으로 화구가 함몰되어 거대한 구덩이가 만들어진 칼데

절벽 위에 자리한 산토리니섬의 집들

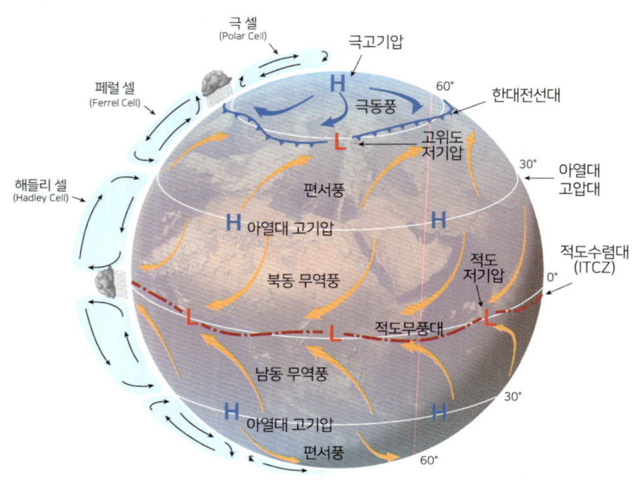

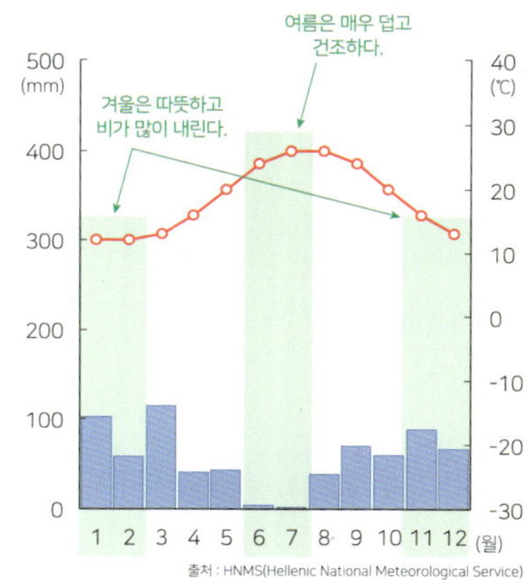

산토리니섬의 기후와 농업

지중해에 있는 산토리니섬은 북위 36° 부근에 위치하고 있다. 이 지역은 여름철에는 남쪽의 아열대고기압이 북상하여 건조해지고, 겨울철에는 북쪽의 한대전선이 남하하여 강수량이 많아진다. 이러한 지중해성 기후는 이 지역의 농업에 큰 영향을 주었다. 여름철에는 고온 건조한 기후에 잘 견딜 수 있는 올리브, 오렌지, 포도 등 수목농업이 발달하고, 겨울철에는 습윤한 기후의 영향으로 밀 농사가 활발하다.

라 지형이다. 칼데라에 바닷물이 침수되면서 현재는 초승달 모양의 화산 정상부만 남아 있다. 화구의 함몰로 형성된 가파른 절벽 위의 하얀색 집들은 푸르른 지중해의 바다와 대비되어 아름다운 경관을 만들어낸다.

말레이시아의 나시고랭

추운 겨울이 되면 따뜻한 곳으로 떠나는 여행을 꿈꾸는 사람들이 많다. 특히 적도 부근 동남아시아 여행에서는 전통시장에서 현지인들이 즐겨 먹는 음식을 맛보는 것이 빼놓을 수 없는 즐거움이다. 그중 말레이시아의 전통음식 나시고랭은 주식인 쌀에 누구나 쉽게 구할 수 있는 해산물을 넣고 향신료와 함께 기름에 볶아 만든 음

말레이시아는 적도 가까이 위치한 동남 아시아 국가다.

식이다. 말레이시아 사람들은 왜 이런 음식을 먹게 되었을까?

동남아시아에 위치한 말레이시아의 전통음식 나시고랭은 말레이어로 나시는 '밥'을, 고랭은 '볶다'를 의미한다. 그래서 나시고랭은 볶음밥으로 번역된다. 해산물과 향신료를 넣은 나시고랭은 이 지역의 자연환경에 영향을 받은 음식이다. 먼저 주재료인 쌀(인디카 쌀)은 성장기에 고온다습한 기후 조건이 필요한데, 말레이시아는 적도 부근에 위치해 기온이 높고 강수량이 많아 벼농사가 1년에 2번 가능하여 쌀 생산량이 매우 많은 편이다. 또한 말레이시아는 바다에 둘러싸여 있어 해산물을 쉽게 구할 수 있어서 예전부터 음식을 만들 때 해산물을 많이 사용했다. 이런 이유로 쌀과 해산물을 이용한 요리가 많다.

한편 말레이시아는 기온이 높기 때문에 음식이 쉽게 상할 수 있는 환경이다. 그래서 음식이 상하는 것을 막기 위해 향신료를 많이 사용한다. 고수, 마늘, 고추 등의 향신료는 박테리아, 바이러스의 성장을 억제하는 항균 작용, 지방이나 단백질이 산화되어 부패하는 속도를 늦춰

주는 항산화 작용을 한다. 또 같은 이유로 기름에 볶는 음식도 많다. 식
재료를 높은 온도의 기름에 볶으면 박테리아와 바이러스를 사멸시킬
수 있고, 음식 표면에 기름이 코팅되어 산소와 수분이 음식에 침투하
지 못해 산화와 부패가 방지된다.

생각 넓히기

지중해성 기후는 그 지역에 살고 있는 사람들이
먹는 음식에 어떤 영향을 줄까? 여름철 고온 건조
한 날씨는 과일의 당도를 높여주기 때문에 품질
이 우수한 과일이 재배된다. 이 지역의 대표적인
작물은 오렌지, 레몬, 포도, 올리브 등이다.

먼저 오렌지와 레몬은 껍질이 두껍다. 두꺼운
껍질은 과실의 수분 증발을 막아주고 여름철의
강한 햇빛과 자외선으로부터 과실을 보호해 준
다. 올리브는 수분이 부족한 환경에서 생존 전략
으로 과실에 수분이 아닌 기름(지방) 형태로 에너
지를 저장하여 수분의 손실을 줄여 생존 가능성
을 높인다. 포도는 심층 토양의 수분을 흡수하기
위해 뿌리를 15미터 이상 땅속 깊이 내린다. 그래
서 이탈리아, 프랑스, 스페인 등 지중해성 기후가
나타나는 지역은 포도를 이용한 와인, 올리브를

지중해성 기후 지역의 다양한 음식

이용한 피자 등의 요리가 발달했다.

인디카 쌀

자포니카 쌀

깊이 들여다보기

인디카와 자포니카는 벼의 대표적인 품종이다. 인디카는 동남아시아와 인도 등에서 재배되며 길쭉하고 가는 모양이다. 찰기가 적어 낱알이 흩어지는 특성이 있는 이 쌀을 주식으로 먹는 지역에서는 손으로 밥을 먹는 문화가 발달했다. 그리고 자포니카는 한국, 일본, 중국 등 동아시아 지역에서 주로 재배되는 짧고 둥근 모양의 쌀이다. 이 쌀은 찰기가 많아 낱알이 잘 뭉쳐지는 특성 때문에 젓가락이나 숟가락으로 식사하는 문화가 발달했다.

차도르를 입은 이슬람 여성

건조기후인 북아프리카와 서남아시아 사람들은 대부분 이슬람교를 믿는데, 그들은 온몸을 감싸는 긴 옷을 입는 것이 특징이다. 이슬람교 경전인 『쿠란』 24장 30~31절에는 "남성들과 여성들은 그들의 시선을 낮추고 그들의 정조를 지키게 하라."라는 구절이 있다. 이슬람 율법학자는 이 구절을 근거로 남성과 여성 모두에게 단정하고 노출되지 않는 옷을 입어

야 한다는 이슬람 규율을 정했다. 특히나 여성들에게는 아름다움을 드러내지 말고 얼굴을 수건으로 가리라는 구절을 들어 더욱 엄격한 규율을 적용한다. 이들이 온몸을 감싸는 긴 옷을 입게 된 데에는 종교적인 이유만 있을까?

서남아시아에 위치한 요르단에서 자동차를 운전하는 사진 속 무슬림 여성은 검은색 천으로 된 헐렁한 옷으로 온몸을 감싸고 있다. 이런 옷을 입는 이유 중 하나는 건조기후 지역에 많이 분포하는 사막의 모래바람이 피부를 상하게 하는 것을 막기 위해서다. 그리고 또 다른 중요한 이유는 고온의 기후와 관련이 있다. 검은색은 태양 에너지를 잘 흡수하는 성질이 있기 때문에 '검은색 옷은 체온을 더 높이는 게 아닐까?' 하는 의문이 들 수 있다. 그러나 결론을 말하면 "아니오."다. 검은색은 태양 에너지를 많이 흡수하여 옷과 피부 사이의 공기를 뜨겁게 한다. 그 뜨거워진 공기가 대류 현상에 의해 위로 상승하게 되면 아래쪽으로 외부의 찬 공기가 들어와 몸의 열을 빼앗아간다. 만약 몸에 딱 달라붙는 검은색 옷이었다면 뜨거운 열기가 체온을 올려 이 지역 사람들에게 외면받았을 것이다. 하지만 검은색 천으로 된 헐렁한 옷은 뜨거운 태양 빛을 차단하고 옷 안에 그늘을 만드는 것은 물론이고 대류 현상을 통해 공기를 순환시킨다. 그 결과 체온을 유지할 수 있다.

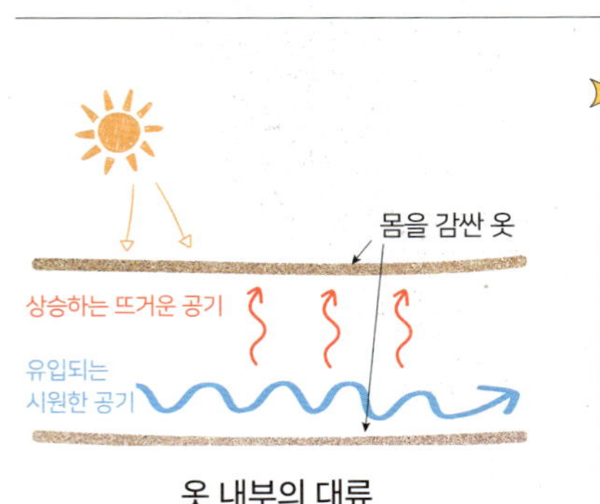

옷 내부의 대류

생각 넓히기

무슬림 여성들이 입는 머리를 감싸는 의복은 지역별로 조금씩 다르다. 대부분의 이슬람 국가에서는 머리카락과 귀, 목을 가리는 스카프 형태의 '히잡'을 착용한다. 다만 이슬람 율법을 엄격하게 지키는 지역에서는 얼굴을 제외한 머리부터 발목까지 전신을 감싸는 '차도르'를 입는다. 그 대표적인 국가가 이란이다. 이슬람 율법을 가장 보수적으로 해석하는 아프가니스탄과 같은 국가에서는 온몸을 감싸는 것에 더해 얼굴과 눈까지 가리는 '부르카'를 입는다.

왼쪽이 히잡, 가운데가 부르카, 오른쪽이 차도르다.

 깊이 들여다보기

운전하는 여성은 우리에게 아주 평범한 일상의 한 장면이다. 하지만 얼마 전까지만 해도 사우디아라비아에서는 여성의 운전이 불법이었다. 이슬람 국가에는 남성 보호자, 즉 마흐람을 동반해야만 여성의 외출이나 여행이 허용되는 관습이 있었다. 이슬람교의 성지인 메카가 위치하고 있고, 이슬람교의 종주국이자 이슬람 율법을 보수적으로 해석하는 국가인 사우디아라비아에도 여성이 외부 활동을 할 때 남성 보호자가 반드시 동행해야 한다는 내용의 법이 존재했다. 하지만 최근 국가 이미지 개선, 내부 개혁의 필요성 등의 부각되면서 관련 법이 폐지되고 있다. 2018년에는 여성의 운전을 허용했고, 2019년에는 여성의 해외여행, 여권 발급, 병원 수술 등에 남성 보호자의 동의를 반드시 얻어야 한다는 법이 폐지되었다.

우크라이나의 푸른 하늘과 황금빛 밀밭

푸른 하늘 아래 끝없이 펼쳐진 황금빛 밀밭은 바라보기만 해도 마음이 편안해지는 풍경이다. 이곳은 세계 밀 수출량의 10% 이상을 차지하는 우크라이나이다. 우크라이나의 국기를 보면 파란색과 노란색으로 구성되어 있는데, 이는 푸른 하늘 아래 황금 밀밭을 상징하는 것이다. 우크라이나를 포함한 유럽과 러시아는 세계적으로 밀 생산량이 많은 지역이다.

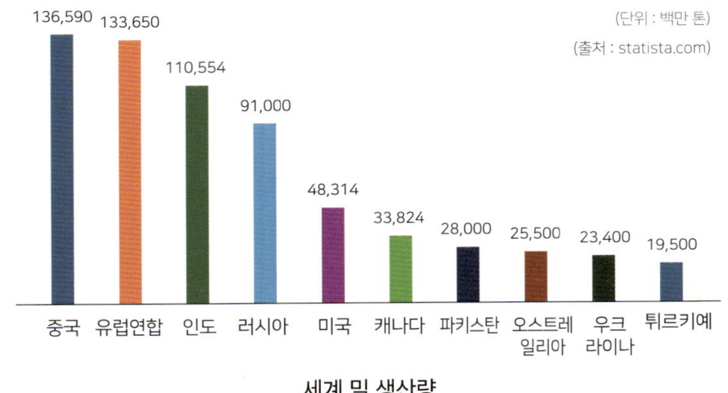

세계 밀 생산량

이 지역에서는 어떻게 지금처럼 많은 밀을 생산하게 되었을까?

넓은 평원은 인간이 거주하기에 유리한 조건을 제공해 준다. 넓은 평야에서는 많은 농작물을 수확할 수 있어 인구가 밀집하는 조건이 된다. 그래서 대부분의 도시가 평야 지역에 형성되는 것이다. 우크라이나를 포함한 유럽의 대평원은 마지막 빙하기 때 대륙빙하가 이 지역을 덮어 기복이 완만해지면서 만들어졌다. 빙하에 의해 구릉지가 침식되고 퇴적물들이 쌓이면서 넓은 평원이 형성된 것이다. 특히 이 지역은 냉대 습윤기후 지역으로 여름철에는 기온이 높고 강수량이 풍부하여 풀들이 성장할 수 있지만 추운 겨울이 되면 풀은 말라 죽는다. 덕분에 이 지역의 토양은 식물이 썩은 유기물과 풍화된 광물질이 혼합되어 더욱 비옥해지고 검은색을 띠는 것이 특징이다. 그래서 이곳의 토양을 러시아어로 체르노젬, 즉 '검은 토양'이라 부른다. 유럽 대평원의 체르노젬 지대는 세계적인 곡창지대를 형성하고, 이곳에 위치한 국가들 역

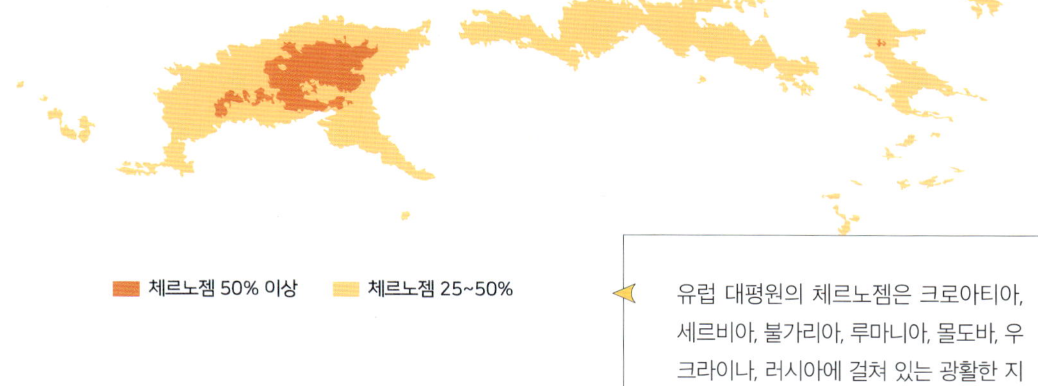

유럽 대평원의 체르노젬은 크로아티아, 세르비아, 불가리아, 루마니아, 몰도바, 우크라이나, 러시아에 걸쳐 있는 광활한 지역에 분포한다.

시 세계적인 곡물 생산국으로 유명하다.

생각 넓히기

유럽의 대평원은 빙하의 침식 작용과 퇴적 작용으로 형성된 넓은 평원이지만, 일반적으로 평야 지역은 하천의 퇴적 작용으로 형성된다. 우리나라를 포함한 아시아의 벼농사를 짓는 평야 지대는 큰 하천을 중심으로 만들어졌다. 우기에 하천이 범람하면 많은 퇴적물들이 하천 주변에 쌓이게 되는데, 오랫동안 이 과정이 반복되면 하천 주변에 넓은 평원이 형성된다. 이러한 지형을 범람원이라고 한다. 범람원의 배후 습지는

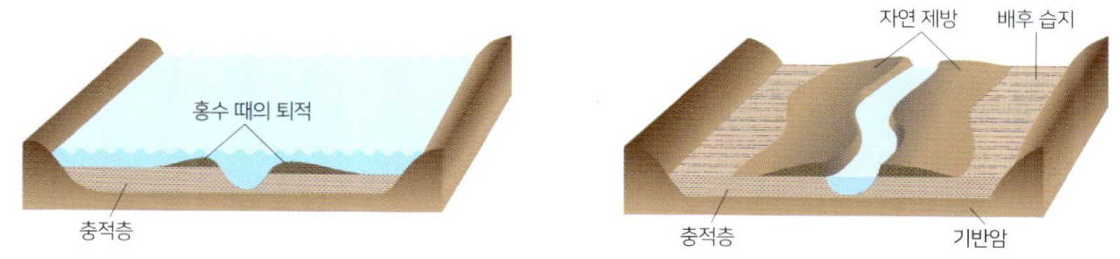

자연 제방과 배후 습지(출처: 윤순옥 등 역, 2019)

배수가 불량하여 논농사가 발달하는데, 아시아의 벼농사 지대는 이러한 배후 습지에 형성된 경우가 많다.

 **깊이 들여다보기**

쌀은 생장 기간에 강수량이 많고 기온이 높아야 하지만 밀은 생육 조건이 까다롭지 않다. 기온이 낮은 곳에서도 잘 자라고, 건조한 지역에서도 잘 자란다. 특히 우크라이나, 러시아, 캐나다 등 냉대기후 지역에서는 내한성이 강한 품종을 재배하고, 오스트레일리아나 튀르키예, 카자흐스탄 등 건조기후 지역에서는 내건성이 강한 품종을 재배한다.

후지산을 찾는 관광객이 많으면 지역 주민들은 좋기만 할까?

자연환경과 인간 생활

자연환경은 인간 생활에 많은 영향을 미친다. 오래전부터 하천 주변에는 많은 사람이 거주해 왔다. 하천의 주기적인 범람으로 생겨난 범람원 덕분에 농경과 주거가 가능했기 때문이다. 나일강(이집트 문명), 티그리스강·유프라테스강(메소포타미아 문명), 인더스강(인더스 문명), 황허강(황허 문명)에서 4대 문명이 발달한 것도 하천이 인간의 정착 생활에 필요한 환경을 제공해 주었기 때문이다. 반면에 산악지

역은 인간이 거주하기에 불리한 환경이다. 농경에 필요한 평지와 물이 부족할 뿐 아니라 고도가 높은 곳은 기온이 낮아 농경에 불리하다. 하지만 산업 혁명 이후 여가를 즐기는 사람들이 늘어나면서 산은 여유와 휴식을 주는 관광지로 새롭게 주목받기 시작했다. 관광자원으로서 산의 매력은 무엇일까? 자연을 활용한 관광이 지속 가능할 수 있으려면 어떤 노력이 필요할까?

후지산은 2013년 세계문화유산으로 등재되면서 일본인뿐만 아니라 많은 외국인 관광객들이 찾는 대표적인 관광지가 되었다. 일본 정부는 후지산의 탐방로를 관리하는 한편 주변 지역의 온천, 지역 특산물, 지역 축제 등과 연계하여 체류형 관광을 유도하고 있다. 이렇듯 후지산은 관광자원으로서 지역 경제에 긍정적인 영향을 미치고 있다.

하지만 관광객의 증가는 지역 주민에게 부정적인 영향을 미치기도 한다. 후지산을 오르는 30~40만 명에 주변을 관광하는 사람까지 포함하면 매년 수백만 명이 이 지역을 방문하고 있다. 그 결과 탐방로 주변의 자연환경이 훼손되기도 하고 관광객이 버린 쓰레기 등으로 환경오염 문제가 증가하고 있다. 또한 몰려드는 관광객으로 인해 교통 체증, 주차난, 생활 쓰레기 증가 등의 문제가 발생해 지역 주민의 일상생활에 심각한 피해를 미치고 있다. 이처럼 관광객의 증가가 현지 지역 주민의 삶에 부정적 영향을 주는 현상을 오버투어리즘(over-tourism)이라고 한다. 자연을 활용한 관광산업이 오버투어리즘으로 인해 환경을 훼손하고 지역 주민의 삶에 악영향을 주지 않도록 지속가능한 관광 정책이 필요하다.

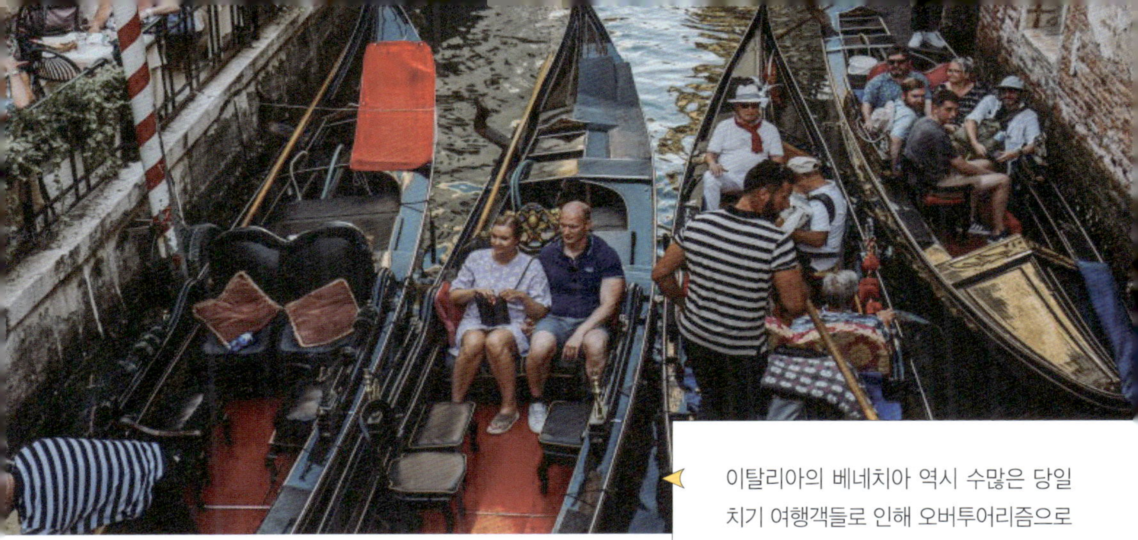

이탈리아의 베네치아 역시 수많은 당일치기 여행객들로 인해 오버투어리즘으로 몸살을 앓고 있다.

생각 넓히기

베네치아는 석호에 형성된 도시다. 118개의 섬과 170여 개의 수로로 이루어져 있어 곤돌라나 수상버스, 수상택시 등을 이용해 이동한다. 이 지역은 해발고도가 1미터 내외로 침수피해를 막기 위해 말뚝 위에 세워진 건물들이 많다. 좁은 골목들 사이로 전통 양식의 건축물들이 밀집되어 있는 베네치아는 도시 전체가 역사적 유물이자 예술작품이다.

덕분에 베네치아는 많은 관광객이 찾는 도시다. 하지만 당일치기로 방문한 관광객들은 이 지역에서 많은 소비 활동은 하지 않고 교통 체증과 쓰레기 문제만 유발한다. 그들은 지역 경제에는 도움이 되지 않으면서 지역 주민들의 삶의 질만 떨어뜨리는 셈이다. 이에 이탈리아 정부는 2024년 4월부터 당일치기 관광객들에게 1인당 5유로의 관광세를 받고 있다. 관광세는 지역의 환경 문제를 해결하고 지역 주민을 위

전 세계의 다양한 화산들

위부터 순서대로 순상화산인 하와이 마우나로아산, 성층화산인 필리핀 마욘산, 종상화산인 일본 쇼와신산, 화쇄구인 미국 애리조나주 선셋 크레이터 모습이다.

한 인프라를 구축하는 데 사용될 계획이다. 더불어 지역 경제를 살릴 수 있는 숙박형 관광객을 많이 유치하려 노력하고 있다.

 **깊이 들여다보기**

후지산은 화산 활동으로 만들어진 산이다. 경사가 완만한 제주도의 한라산에 비해 후지산은 반듯한 삼각형 모양을 하고 있다. 이러한 모양이 만들어진 것은 화산이 폭발할 때 점성이 높은 용암이 흘러내린 층과 분화로 인해 만들어진 화산재와 화산 쇄설물들이 축적된 층이 교대로 쌓였기 때문이다. 이러한 형성 과정을 통해 탄생한 화산을 성층화산이라 한다. 유동성이 큰 용암이 분출하면서 완만한 경사를 유지하는 순상화산이나 점성이 큰 용암이 분출하면서 급경사를 유지하는 종상화산과는 다른 모양인 것이다.

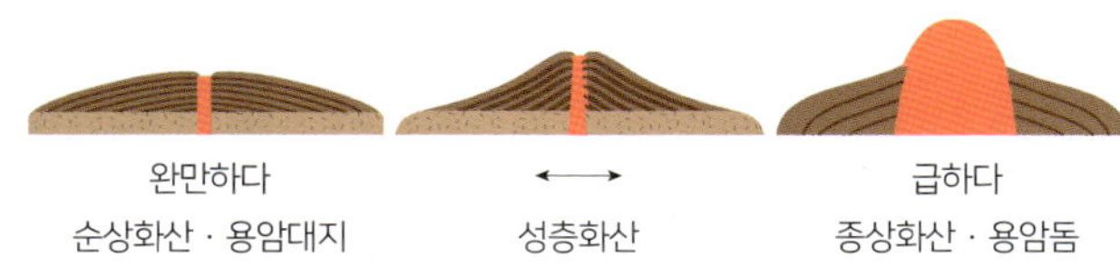

환경권과 송전탑

붉게 물든 석양 아래 거대한 송전탑이 도시를 배경으로 우뚝 서 있다. 송전탑은 전력의 흐름을 가능하게 해줌으로써 우리가 쾌적하고 편안한 삶을 살 수 있게 해주는 소중한 인프라다. 하지만 송전탑 아래에서 살아가는 사람들에게는 불편과 불안의 근원이기도 하다. 특히 전자파, 소음 등이 삶의 질에 영향을 준다는 논란은 오래전부터 있었다. 이 사진은 우리나라

최초로 국민의 환경권을 인정해 준 판결에 대한 기사가 실린 1980년 11월 15일자 「경향신문」이다.

에서 최초로 '환경권'을 인정받은 사건을 떠오르게 한다. 바로 송전탑 소송이다. 이 사건은 과연 어떤 의의를 가질까?

1979년 9월 낙동강 하구에 위치한 산업단지에 전력을 공급하기 위해 송전탑을 세우는 공사가 시작되었다. 그러자 지역 주민들은 재산권은 물론 안전하고 쾌적한 환경에서 살아갈 권리를 요구하며 소송을 제기했다. 실제로 송전탑은 거대한 괴물 같은 모습으로 밤낮없이 웅웅 소리를 내면서 사람들의 일상생활을 위협했다. 결국 법원은 최초 설계를 변경해 애초에 계획된 노선에서 6킬로미터 떨어진 곳에 송전탑을 세우라고 판결했다. 이 판결은 국민들의 환경권을 보장해 준 최초의 사례다. 1980년 개정한 「헌법」 제35조에는 "모든 국민은 건강하고 쾌적한 환경에서 생활할 권리를 가지며, 국가와 국민은 환경보전을 위해 노력하여야 한다."고 명시되어 있다. 2013년 경남 밀양에서도 765킬로볼트 초고압 송전선로의 설치를 두고 주민들의 정신적 고통과 공동체 해체에 대한 손해배상 소송이 이어졌다. 일명 밀양 송전탑 소송은 국민들에게 다시 한번 환경권에 대한 인식을 심어주었다.

시위하는 청소년기후행동 회원들

 **생각 넓히기**

2020년 청소년기후행동 회원들은 정부의 온실가스 감축 정책이 미흡하여 청소년들의 환경권, 행복추구권 등을 침해한다는 이유로 헌법소원을 제기했다. 정부의 온실가스 감축 목표가 2030년까지는 적절하지만, 그 이후 장기적인 감축 목표가 부족하다는 것이 주요 쟁점이었다. 이에 대해 헌법재판소는 2031년 이후 감축 목표를 구체적으로 제시하지 않는 것에 대해 헌법불합치 결정을 내렸다. 이 소송은 아시아에서 최초로 제기된 기후 소송으로 미래 세대의 기본권을 보호하기 위한 중요한 판결로 인정받고 있다.

 **깊이 들여다보기**

우리나라는 1980년 처음 환경권이 도입되었고, 1987년에야 「헌법」 개정을 통해 명문화되었다. 이후 기후위기 등 환경의 변화를 「헌법」이 반영하지 못한다는 지적이 계속되고 있다.

대한민국 「헌법」

제35조

① 모든 국민은 건강하고 쾌적한 환경에서 생활할 권리를 가지며, 국가와 국민은 환경보전을 위하여 노력하여야 한다.

② 환경권의 내용과 행사에 관하여는 법률로 정한다.

③ 국가는 주택개발정책 등을 통하여 모든 국민이 쾌적한 주거생활을 할 수 있도록 노력하여야 한다.

빙하의 후퇴

캐나다 로키산맥의 한복판, 눈부신 햇살 아래 펼쳐진 광활한 바위 지대에 사람들이 모여 있다. 그들이 바라보는 곳에는 저 멀리 거대한 얼음덩어리, 바로 빙하가 있다. 그리고 표지판에는 "이 빙하는 1992년에 여기까지 있었습니다."라고 적혀 있는데, 현재 빙하는 수백 미터 이상 뒤로 물러나 있다. 이처럼 시간이 지나면서 빙하가 점점 줄어드는 현상을 '빙하의

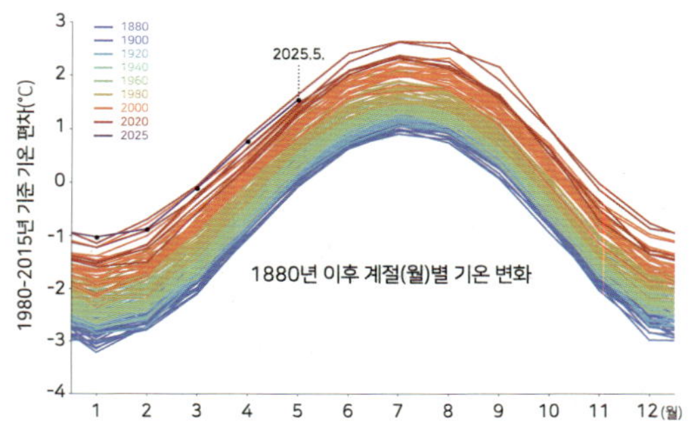

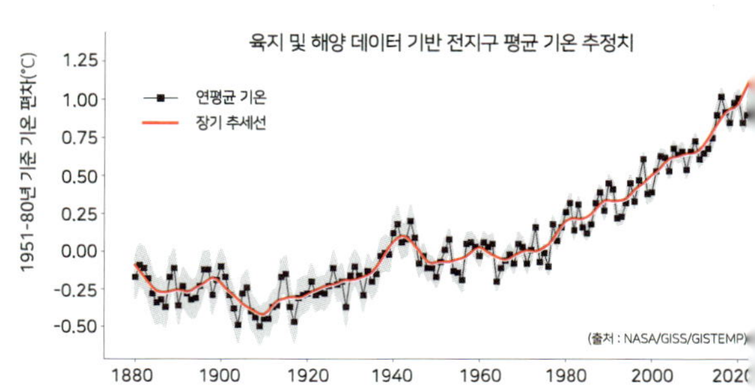

지구 평균기온의 변화

1880년부터 2020년까지 지구의 평균기온은 꾸준히 상승하고 있으며, 특히 1980년 이후 상승 속도가 급격하게 빨라지고 있다. 20세기 중반 이후 산업화가 본격화되면서 이산화탄소 배출량이 크게 증가했고, 이는 곧 기온 상승으로 이어졌다. 2020년 기준으로 지구 평균기온은 산업화 이전보다 약 1.1도 상승했으며, 유엔 IPCC 보고서에서는 1.5도를 넘어서면 기후 시스템에 돌이킬 수 없는 변화가 시작될 수 있다고 경고하고 있다.

후퇴'라고 한다. 이곳은 캐나다 앨버타주에 위치한 컬럼비아 아이스필드로 세계에서 가장 많은 사람이 방문하는 애서배스카 빙하(Athabasca glacier)가 있는 곳이다. 그런데 빙하가 이렇게 빠르게 사라지고 있는 이유는 무엇일까?

그것은 지구온난화에 의한 기후변화 때문이다. 지구온난화는 인간에 의해 발생하는 온실가스(이산화탄소, 메탄 등)의 증가로 인해 지구 대기의 평균기온이 점점 상승하는 현상으로, 산업 혁명 이후 그 속도가 점점 빨라지고 있다. 캐나다의 애서배스카 빙하는 지난 125년 동안 약 1.5킬로미터 이상 후퇴했으며, 그 속도는 점점 더 빨라지고 있다. 이곳에는 매년 빙하가 어디까지 있었는지를 표시한 표지판이 설치되고 있어 방문객들이 기후변화의 심각성을 직접 눈으로 확인할 수 있다.

기후변화로 인한 빙하의 후퇴는 전 세계 곳곳에서 나타나고 있다. 히말라야산맥은 남극과 북극 다음으로 많은 빙하가 존재하는 '제3의 극지'로 불리지만 최근 급격히 줄어들고 있으며, 이는 인도, 방글라데시, 중국 등 아시아 대륙의 수자원에 큰 영향을 미치고 있다. 남아메리카 안데스산맥 역시 빙하가 줄어들고 있고 이로 인해 페루와 볼리비아 지역에 농업용수와 식수가 부족해지는 문제가 발생하고 있다. 또한 아프리카 유일의 열대

인도 북부 우타라칸드주에서는 빙하가 녹아 생성된 빙하 호수의 범람으로 홍수가 발생했다.

빙하가 있는 킬리만자로산에서도 빙하가 점점 사라지고 있어, 이 지역의 관광 산업과 지역 주민의 생존에 위협이 되고 있다.

빙하의 후퇴는 단순히 자연 경관이 변화하는 문제에 그치지 않는다. 네팔이나 부탄 같은 히말라야 지역의 국가들은 빙하가 녹아 생성된 '빙하 호수'의 범람으로 마을이 파괴되고 인명피해가 발생하는 위험에 시달리고 있다. 이는 빙하가 녹으며 생긴 물이 댐 없이 고여 있다가 빙벽이 무너져 갑작스럽게 흘러내리는 현상으로, 매우 위험한 자연재해다. 또한 빙하가 수자원의 주요 공급원인 지역에서는 농업과 전력 생산에도 큰 차질이 발생할 수 있다.

지구온난화는 대기의 평균기온이 점점 높아지는 현상으로, 이로 인해 지구의 해수면은 계속해서 상승하고 있다. 해수면 상승의 이유는 크게 두 가지다. 바로 '빙하의 융해'와 '해수의 열팽창'이다.

첫 번째는 육지에 존재하는 빙하와 빙상이 녹는 현상이다. 지구온난화로 인해 남극과 그린란드 같은 극지방, 히말라야와 알프스 같은 고산 지역에 쌓인 거대한 얼음덩어리들이 점점 녹아 바다로 흘러들어 가고 있다. 육지에 있던 얼음덩어리가 녹아 바다로 들어가면 바닷물의 양 자체가 증가하면서 해수면이 상승하게 된다. 두 번째는 바닷물이 따뜻해지면 부피가 커지는 열팽창 현상이다. 물은 온도가 올라가면 부피가 팽창하는데, 지구온난화로 인해 해양의 온도도 올라가면서 바닷물 전체가 팽창해 해수면이 서서히 상승하게 되는 것이다.

지난 100년 동안 지구의 해수면은 약 20센티미터 이상 상승했는데 이 속도는 점점 빨라지고 있다. 기후과학자들은 지금과 같은 추세라면 21세기 말까지 해수면이 최대 1미터까지 상승할 수 있다고 경고하고 있다. 이러한 변화는 단순히 바닷가의 풍경이 바뀌는 문제를 넘어서 심각한 사회적 문제로 이어질 수 있다. 예를 들어 투발루나 몰디브처럼 해발고도가 낮은 섬나라들은 해수면 상승으로 나라 전체가 물에 잠길 위기에 처할 수 있고, 전 세계 수많은 해안 도시들은 침수, 염해 피해에 시달릴 수 있다. 또한 삶의 터전을 잃은 사람들은 '기후 난민'이 되어 이주를 강요당할 수 있다.

오염은 인간이 스스로 놓은 덫이다

푸르러야 할 강물이 온통 쓰레기로 가득하다. 비닐봉지, 페트병, 스티로폼 등 각종 플라스틱 쓰레기로 뒤덮여 흙탕물조차 보이지 않는다. 배를 타고 강물 위를 지나가는 사람들의 손에도 쓰레기가 들려 있다. 이 강은 인간과 수많은 생명체가 살아가는 삶의 터전이 아니라 인간이 버린 폐기물을 받아내는 쓰레기장이 되어버렸다. 이 사진은 인간의 무분별한 소

비와 폐기물 처리의 부주의가 만든 하천 오염의 심각성을 보여준다.

하천은 생태계가 생명력을 유지하는 데 있어서 매우 중요한 지리적 공간이다. 이런 하천의 오염은 물고기와 수중 생물의 생존을 위협하고 인간에게도 수질 오염, 식수 부족, 질병 확산 등의 문제를 일으킨다. 대표적인 예가 '세계에서 가장 오염된 강'으로 불리는 인도네시아의 찌따룸강이다. 이 강 주변은 섬유공장 밀집 지역으로 400여 개 공장에서 매일 염료, 중금속, 화학 폐수가 제대로 처리되지 않은 채 강으로 배출되고 있다. 때문에 강은 심각한 악취를 풍기는 것은 물론이고 주민들의 건강까지 위협하고 있다. 실제로 찌따룸강 근처에서 농사를 짓거나 물을 사용하는 사람들은 피부병, 호흡기 질환 등 다양한 질병으로 건강을 위협받고 있다.

자연은 스스로 오염물질을 정화할 수 있는 자정 능력을 가지고 있지만, 오늘날 인간은 지구의 자정 능력을 넘어선 환경오염을 만들어 내고 있다. 인간이 만들어낸 환경오염의 결과가 다시 우리에게 향하고 있다. 이러한 현실을 변화시키기 위해 우리는 어떤 일을 하고 있을까? 우선 그린피스, 세계자연기금 등 시민단체는 환경 보호 운동을 펼치고 있으며, 많은 기업에서 오염 방지 시설을 설치하고 기술혁신 등을 통해서 오염물질 배출을 줄이고 있다. 또한 개인은 자원을 절약하고 녹색 소비(제품을 구매하고 버릴 때까지 전 과정에서 환경친화적인 행동을 하는 것)활동을 하고 있다. 이러한 노력이 더욱 확산되고 지속적으로 이뤄진다면 인간은 자연과 공존하며 살아갈 수 있을 것이다.

하천뿐 아니라 바다도 인간의 쓰레기 문제에서 자유롭지 못하다. 대표적인 사례가 '태평양 쓰레기섬'이다. 이는 북태평양 해류가 순환하는 가운데 쓰레기들이 모여 거대한 '섬'을 형성한 것으로 그 면적이 한반도의 약 15배에 달하는 것으로 알려져 있다. 이곳의 쓰레기 대부분은 플라스틱인데 바닷속 생물들이 이것을 먹이로 착각해 섭취하면서 생태계를 파괴하고 있다. 또한 생선을 통해 식탁에 올라와 인간의 몸으로 돌아오는 미세플라스틱은 이른바 '환경의 역습'인 셈이다.

이처럼 인간의 활동으로 생긴 쓰레기가 하천을 따라 바다로 흘러가 해양 생태계 전체를 위협하는 구조는 환경오염이 단지 한 지역의 문제

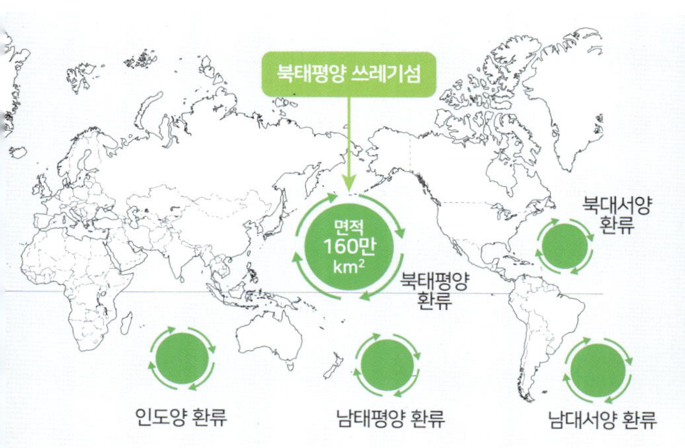

전 세계 해양 위에 떠 있는 5개의 쓰레기 섬과 심각한 바다 오염의 모습

가 아니라 전 지구적 위기임을 말해 준다.

 **깊이 들여다보기**

국제사회는 하천 및 해양 쓰레기 문제 해결을 위해 다양한 협약과 캠페인을 추진하고 있다. 대표적인 협약으로는 1970년대 초반 발효된 '런던 협약'과 1996년 개정된 '런던 의정서'가 있다. 이는 바다에 폐기물을 버리는 행위를 규제하기 위한 협약으로, 해양 투기를 금지하고 폐기물 감축 계획을 세우도록 요구한다. 또한 유엔의 지속가능발전목표(SDGs) 중 14번 목표는 '해양 생태계 보존'을 중심으로 해양 오염 감축과 해양 자원의 지속가능한 이용을 강조하고 있다. 최근에는 유엔환경계획 주도로 플라스틱 사용을 줄이기 위한 글로벌 협약 논의가 활발히 이루어지고 있으며, 법적 구속력이 있는 플라스틱 오염 대응 협약을 만들기로 전 세계 175개국이 합의했다.

왜 이스터섬에 모아이 석상만 남겨졌을까?

모아이 석상은 고대 라파누이 사람들이 조상에 대한 존경심과 영적 보호를 바라는 마음에서 만들어낸 것으로 알려져 있다. 그들은 섬 곳곳의 화산암을 깎아 석상을 조각하고 이 거대한 돌조각을 섬의 해안지대까지 옮겨 세웠다. 그런데 지금 이 섬에는 모아이 석상만 남고 라파누이 사람들은 사라졌다. 왜 그들은 사라지고 석상만 남았을까?

남태평양 한가운데, 칠레 본토에서 약 3,700킬로미터 떨어진 외딴 섬 라파누이. 우리는 이곳을 '이스터섬'으로 알고 있다.

라파누이 사람들은 모아이 석상을 해안으로 이동시키기 위해 많은 통나무를 굴림 장치나 지렛대로 사용했다. 그렇게 엄청난 양의 자원이 소모되면서 섬을 뒤덮고 있던 야자수림이 급격히 파괴되었다. 사실 야자수림은 단순한 녹지 공간이 아니라 섬 생태계의 핵심이었다. 나무는 토양을 붙잡고 수분을 유지하며 다양한 동식물의 서식처 역할을 했다. 그런데 무분별한 벌목으로 숲이 사라지자 토양의 유실이 심각해졌고 이는 농업 생산량의 급감을 불러왔다. 농작물이 줄어들자 식량 부족 문제가 대두되었고 인구 과잉과 결합되어 공동체 내에 긴장과 갈등이 증가했다. 환경 악화로 인해 라파누이 사회의 구조도 변화했다. 기존의 부족 간 협력관계는 경쟁과 갈등으로 바뀌었고, 일부 연구에 따르면 자원 부족으로 인해 부족 간 전쟁이 일어나 석상을 쓰러뜨리는 행위도 나타났다고 한다.

즉 모아이 석상은 위대한 문화유산인 동시에 인간이 자연에 대한 이해 없이 자원을 무분별하게 사용할 경우 어떤 결과를 초래할 수 있는지를 보여주는 상징적인 사례다. 라파누이 사람들은 바다로 둘러싸인 고립된 환경에서 자급자족할 수밖에 없었기 때문에 자연환경의 변화는 그들에게 훨씬 더 치명적이었다. 외부에서 자원을 수입할 수 없었기에 환경의 변화는 곧 생존의 위협으로 직결되었다. 이렇듯 모아이 석상은 인간과 자연의 관계를 되짚어보게 하는 중요한 메시지를 담고 있다.

 ## 생각 넓히기

세계 곳곳에서 비슷한 사례를 발견할 수 있다. 고대 메소포타미아 문명은 유프라테스강과 티그리스강 사이의 비옥한 지역에서 발달했으나 과도한 관개 농업으로 토양의 염류화가 가속화되었다. 결국 작물 재배가 점점 어려워져 농업 생산량이 감소되었고, 이는 인구 유출과 정치적 혼란을 불러오며 문명의 붕괴로 이어졌다. 그렇게 수메르, 바빌로니아와 같은 고대 메소포타미아의 도시들은 사막화된 평원 속 유적지로 남게 되었다.

지중해 지역의 고대 문명인 그리스와 로마는 건축과 선박 제작을 위해 삼림을 무분별하게 벌목했다. 이로 인해 경사지의 토양이 유실되면서 농경지의 생산성 저하를 초래했다. 또한 지표면의 온도 상승으로 대기가 건조해지면서 기후에 변화가 생기고 수자원 고갈 문제가 발생했다. 특히 로마 제국의 쇠퇴기에는 이러한 환경 파괴와 맞물려 농업 기반이 약화되고 외부 침입이 증가하여 로마 사회 전체의 불안정성이 높아지기도 했다.

이처럼 자연환경을 고려하지 않고 개발에만 집중한 인간의 활동은 결국 스스로의 생존 기반을 무너뜨리는 결과를 낳는다. 다행히도 오늘날에는 이러한 실수를 반복하지 않기 위한 다양한 생태 복원 노력이 진행되고 있다. 이스터섬에서는 칠레 정부와 국제 환경단체들이 고유종 야자수 복원과 지속가능한 관광 개발을 추진 중이며 주민들 역시 환경 보존에 적극 참여하고 있다.

아리스토텔레스

'인간중심주의'의 기반을 마련한 아리스토텔레스는 자연은 인간의 목적을 달성하기 위해 존재한다고 보았다.

깊이 들여다보기

인간의 환경 파괴가 가능할 수 있었던 근본적 사고방식에는 '인간중심주의'라는 철학적 시각이 자리하고 있다. 고대 그리스 철학자 아리스토텔레스는 자연의 모든 존재는 인간을 위한 수단이라고 주장했다. 그는 인간만이 이성을 가지고 있으며, 자연은 인간의 목적을 달성하기 위해 존재한다고 보았다. 이는 인간이 자연을 도구로 바라보는 관점을 정당화하는 철학적 기반이 되었다.

또한 로마 시대의 철학자 키케로도 인간의 우월성과 자연에 대한 지배를 강조했다. 그는 자연의 법칙은 인간이 이용할 수 있도록 만들어졌다고 보았으며, 이는 당시 로마 제국의 팽창과 자원 수탈에 논리적 정당성을 제공했다. 이러한 철학은 산업화 시대에 이르러 더욱 강화되었고 자연은 무한한 자원 창고처럼 여겨졌다.

시애틀 추장의 생태중심주의

미국 시애틀의 도심 공원 한가운데 오래된 흉상 하나가 햇살을 받으며 우뚝 서 있다. 흉상의 주인공은 시애틀 추장이다. 그는 그의 이름을 딴 도시 시애틀을 상징하는 인물이다. 흉상 뒤로는 원주민 언어로 쓰인 입간판이 보이는데, 이는 시애틀 추장이 남긴 유명한 연설과 관련된 말들이다. 1854년 백인 이주민들에게 땅을 넘기며 자연과 인간의 관계에 대한 깊은 철

학을 전한 그는 오늘날 '생태중심주의' 사상의 선구자로 기억된다. 그는 왜 자연이 인간과 동등한 존재라고 생각했을까?

시애틀 추장은 19세기 중반 미국 정부가 원주민의 땅을 사들이려 할 때 자연에 대한 깊은 존중과 경외의 메시지를 담은 연설을 남겼다. 그는 "대지는 사람의 것이 아니라 사람이 대지의 것입니다."라는 말을 통해 인간을 자연과 분리된 존재가 아닌 자연의 일부로 보았는데, 이는 생태중심주의의 핵심 개념과 맞닿아 있다. 생태중심주의는 인간의 이익보다 생태계 전체의 균형과 생명체의 존엄성을 중요시하고 모든 생명은 고유한 가치를 지닌다는 철학이다. 그의 철학은 현대 환경운동과 생태윤리학의 기반이 되었고, 자연과 인간 사이의 새로운 관계 맺기를 가능하게 하는 사상으로 이어지고 있다.

철학자 베이컨

생각 넓히기

생태중심주의와 달리 인간중심주의는 자연을 인간의 필요를 충족시키는 수단으로 바라본다. 고대 그리스 철학자 아리스토텔레스는 인간을 '이성적 동물'로 규정하며, 자연은 인간을 위해 존재한다고 보았다. 영국의 철학자 베이컨은 자연이 인간에게 이롭도록 지식을 활용해야 한다고 주장했고, 프랑스 철학자 데카르트는 "우리는 자연의 주인이자 소유자가 될 수 있다. 인간은 정신을 소유한 존엄한 존재지만 자연은 의식이 없는 물질이다."라고 주장했다.

이러한 관점은 산업화 시대를 거치며 기술 발전과 경제 성장을 우선시하며 환경 파괴적 행동을 정당화하는 이론적 근거가 되었다. 하지만 이러한 인간중심주의적 사고는 기후변화, 생물 다양성 감소, 생태계 붕괴 등의 문제를 심화시켰다. 이와 달리 시애틀 추장의 연설은 인간중심주의에 대한 반성과 함께 자연에 대한 책임 있는 태도를 촉구하며 생태중심주의적 사고의 중요성을 부각시키고 있다.

 ## 깊이 들여다보기

시애틀 추장의 연설은 인간의 이기심으로 야기된 환경 파괴에 대한 경고의 메시지를 담고 있다. 하지만 실제 그가 이러한 연설을 했는지는 불확실하다는 주장이 설득력을 가진다. 현재 남아 있는 시애틀 추장의 연설은 1887년 시인 헨리 스미스가 통역하면서 기록한 내용을 책으로 출판한 것이다. 그런데 그 원본에서는 지금 우리가 알고 있는 생태중심주의적 내용은 찾아볼 수 없다. 왜냐하면 그러한 내용은 1971년 미국 시나리오 작가가 다큐멘터

공기의 신선함이나 물의 반짝임은 우리에게 속한 것이 아닙니다. 그러므로 그것을 어떻게 사고팔 수 있단 말입니까? 모든 대지는 우리 조상들의 신성한 흔적이 남아 있는 곳입니다. 흙의 속삭임은 우리 조상의 목소리입니다. 우리는 이 땅의 일부이고, 이 땅은 우리 삶의 일부입니다. 우리가 강과 숲, 짐승과 사람을 사랑하는 이유는 바로 그것들이 우리의 가족이기 때문입니다. 하늘, 나무, 늑대, 곰, 사람들은 모두 형제입니다.

당신들은 땅을 사려고 하지만, 어떻게 우리가 우리의 어머니를 팔 수 있겠습니까? 이 땅은 우리에게 살아 있는 존재입니다. 당신들도 이것을 알아야 합니다. 대지는 사람의 것이 아니라 사람이 대지의 것입니다. 하늘과 땅을 해치는 것은 곧 자신을 해치는 것입니다. 사람은 생명의 거미줄 속 한 가닥에 불과하며, 그가 거미줄에 행하는 것은 곧 자신에게 행하는 것입니다. 그러므로 우리가 이 땅을 팔게 된다면 당신은 이 땅을 신성한 것으로 여기고 숲속의 그늘과 강물의 반짝임을 형제로 여기길 바랍니다. 우리가 이 땅을 떠난 뒤에도 당신들이 이 대지를 사랑하고 자녀들에게 이 땅이 거룩하다는 것을 가르치기 바랍니다.

리 대본을 쓰면서 시애틀 추장의 이야기를 새롭게 창작하여 각색한 것이기 때문이다. 사실이 그렇다 하더라도 시애틀 추장의 이야기가 우리에게 전달하는 메시지는 기억해야 할 가치가 충분하다. 그것은 인간의 활동으로 파괴되는 자연환경에 대한 경고이자 지속가능한 공존의 길을 제시한 메시지였다.

일상에서 환경을 생각하는 사람들

Ⅲ. 자연환경과 인간

환경 문제의 발생과 해결을 위한 노력

자동차 대신 자전거를 타고 출근하는 사람들이 보인다. 두꺼운 옷과 헬멧을 착용한 이들은 도로 한쪽에 마련된 자전거 전용도로를 따라 이동하고 있다. 이 모습은 교통수단으로 자전거를 선택함으로써 대기오염을 줄이고 에너지를 절약하며 환경 보호에 앞장서는 사람들의 삶을 보여 준다. 이렇게 일상에서 환경을 고려하며 행동하는 사람들은 왜 그런 선택을 하게

에고시스템 vs 에코시스템

생태전환적 사고는 기본적으로 에고시스템에서 에코시스템으로의 전환을 의미한다. 에고시스템은 자신을 의미하는 라틴어 'Ego'에서 유래한 것으로 인간을 모든 생명체 위에 존재하는 최상위 계층으로 인식하며 환경을 인간의 필요에 의해 이용하는 것을 당연시하는 것이고, 에코시스템은 인간과 자연환경이 서로 영향을 주고받으면서 함께 생존해 가는 자연의 질서를 강조한다.

되었을까?

자동차 대신 자전거를 이용하는 사람들은 환경을 보호할 뿐만 아니라 교통 혼잡을 피하면서 동시에 건강까지 챙긴다. 이렇게 환경 보호와 지속가능한 사회를 위해 일상에서 작은 행동을 실천하는 사람들을 '생태시민'이라고 한다. 오늘날에는 기후변화로 인한 폭염, 폭우, 이상기온 등을 경험하면서 자연스레 생태중심적 사고로의 전환이 대두되고 있다. 이는 지금까지 인간과 환경의 관계에서 인간을 중심으로 생각하던 사고(EGOsystem)에서 벗어나 생태를 중심으로 생각하는 사고(ECOsystem)로 이동하는 것으로, 생활방식, 사회 구조 등 삶의 전반적인 방식을 생태적 관점에서 재구성하는 것을 의미한다. 생태중심적 사고를 통해 다음 세대를 위한 책임감을 바탕으로 자연과 공존하고자 하는 사람들이 진정한 생태시민이다.

생태시민은 단순히 환경을 보호하는 것을 넘어 지구 공동체의 일원으로서 자연과 인간 사회의 지속 가능성을 함께 고민하고 책임감 있게 행동하는 시민이다. 따라서 환경 파괴의 원인이 무엇인지 파악하고 그 대안을 찾아낼 수 있는 비판적 사고력이 필요하며, 자신의 행동이 다른 사람과 지구 환경에 미치는 영향을 고려하는 공동체적 책임의식과 연대의식도 필요하다. 또한 재활용 쓰레기 줄이기, 대중교통과 자전거 이용 등 환경을 위한 실천 역량이 필요하고, 환경 보호를 위한 정책 결정과 실천에 적극적으로 참여하려는 의지도 필요하다.

생각 넓히기

스웨덴의 환경운동가 그레타 툰베리는 미래를 위한 금요일 등교 거부 시위로 환경운동을 시작했다. 2018년 스웨덴 총선을 앞두고 15세의 툰베리는 스웨덴 의회 앞에서 '기후를 위한 학교 파업'이라는 문구가 적힌 피켓을 들고 기후위기 대응을 요구하는 시위를 벌였다. 이 시위가 전 세계에 전해지면서 오스트레일리아, 독일, 영국 등 여러 국가에서 환경 문제 해결을 촉구하는 청소년 시위가 일어났다. 이렇게 청소년들이 환경 문제에 관심을 가지고 기후 파업에 참여하게 되면서 그레타 툰베리의 영향은 커져갔고 '그레타 효과'라는 말이 생겨나기도 했다.

2019년 유엔 기후행동정상회의에 참석한 툰베리는 연설에서 기후위기에 무관심한 정치 지도자들을 향해 "어떻게 그럴 수 있나요!"라고 소리쳤다. 미래 세대를 위해 지금의 정치가 무엇을 해

환경운동가 그레타 툰베리의 '금요일 등교 거부' 시위

2019년 유엔 기후행동정상회의에 참석한 툰베리는 "당신들의 공허한 말이 나의 유년 시절과 꿈을 빼앗아갔어요. 하지만 나는 운이 좋은 편에 속합니다. 사람들은 고통받고 죽어가고 있습니다. 생태계는 붕괴되고 있습니다. 우리는 대멸종의 위기에 처해 있지만 당신은 돈과 경제 성장만을 이야기하고 있어요. 어떻게 그럴 수 있나요!"라고 소리쳤다.

야 하는지 강력한 어조로 소리친 그녀의 모습은 전 세계에 대서특필되었다. 툰베리는 대표적인 생태시민으로서 지금까지 활동을 이어가고 있다.

 **깊이 들여다보기**

생물학자 앤드류 돕슨은 '생태시민성'의 핵심을 이렇게 이야기했다. 첫째, 생태시민의 의무와 권리는 자연 그 자체보다 인간에게 초점을 맞춘다. 둘째, 생태시민은 환경 문제에 대해 국경을 넘어서는 공공의 책임을 강조한다. 셋째, 생태시민은 다른 사람들과 공유하는 공간 속에서 관계를 맺기 때문에 자신의 행동에 대해 관계적 책임을 져야 한다. 넷째, 생태시민의 책임은 현재뿐만 아니라 미래 세대가 자신의 삶을 영위할 수 있는 권리가 침해되지 않도록 미래 세대에 대한 책임도 포함된다. 다섯째, 생태시민에게 부과되는 의무는 모두에게 동등하게 부여되는 것이 아니라 자신의 생태공간을 과도하게 사용한 사람들에게만 부여된다.

현재 그리고 미래 세대를 위한 도시

환경 문제의 발생과 해결을 위한 노력

햇살이 가득한 거리에는 전기 트램이 다닐 수 있는 구조물이 있고 그 옆으로 한 시민이 바람을 가르며 자전거를 타고 있다. 멀리 보이는 건물들이 태양광 패널을 머리에 얹은 모습은 마치 태양과 함께 숨 쉬는 듯하다. 이곳은 자동차 대신 자전거와 대중교통이 생활의 중심이 되는 도시, 자연과 사람이 조화롭게 공존하는 독일의 프라이부르크다. 프라이부르크는 어

프라이부르크의 위치

떻게 생태도시(Eco City)의 본보기로 불리게 되었을까?

생태도시는 사람과 자연이 조화롭게 공존하는 도시로 현재 세대뿐만 아니라 미래 세대의 삶까지 고려하여 지속가능한 발전을 목표로 하는 도시다. 프라이부르크의 시민들은 1970년대 핵발전소 건설 반대 운동을 통해 높아진 환경 의식을 바탕으로 현재까지 에너지 절약 정책에 적극적으로 참여하고 있다. 이 도시는 태양광 발전을 적극적으로 도입하여 전체 전력의 상당 부분을 재생 에너지로 공급하면서 '태양의 도시'라는 별칭을 얻게 되었다.

프라이부르크는 도심에 자동차가 진입하는 것을 제한하는 한편 자전거와 트램을 중심으로 편리한 교통망을 구축하여 탄소 배출을 획기적으로 줄였다. 특히 프라이부르크 시내에서 조금 떨어진 보봉 마을은 외곽에 주차장을 설치하여 마을 안으로는 자동차가 들어가지 못하는 것으로 유명하다. 집 가까운 곳까지 연결되는 트램과 자전거 이용을 권장함으로써 보봉은 자동차 없는 마을로 자리매김할 수 있었다. 그리고 보봉 마을은 패시브 하우스(최소한의 냉난방으로 쾌적한 실내온도를 유지할 수 있도록 설계된 주택)와 같은 주택이 많이 건설되어 있다. 이는 남쪽으로 큰 창문을 내어 빛을 많이 흡수할 수 있도록 하고, 북쪽으로는 단열을 통해 건물 내부의 열 손실을 최소화한다. 또한 화석 에너지 사용을 줄이기 위해 지붕에 태양광 시설을 설치하고 쓰레기를 발효해 만든 바이오매스 에너지로 전력을 공급한다.

보봉 마을은 모든 자동차를 마을 외곽에 주차하여 마을에는 자동차가 다니지 않는다.

이렇게 프라이부르크는 친환경 생태도시로서 유럽연합과 국제 환경단체에서 모범적인 지속 가능 도시 사례로 평가받으며, 세계 각국의 도시들이 벤치마킹하는 모델이 되었다.

생각 넓히기

덴마크의 수도 코펜하겐이 생태도시로 자리잡은 이유는 교통뿐 아니라 다양한 생활 분야에서 지속 가능성을 실천하기 때문이다. 도시 곳곳에는 옥상 등에 도시농장이 조성되어 시민들이 직접 채소와 과일을 재배하며 지역 먹거리 순환을 실천한다. 또한 지역 내 학교, 병원 등 공공 급식에 사용하는 식재료는 90% 이상을 유기농으로 전

코펜하겐의 옥상 도시농장

환하여 친환경 식품 정책을 선도하고 있다. 건축 부문에서는 시골 지역의 버려진 주택에서 회수한 벽돌을 새 아파트의 외벽 자재로 재사용하고, 지하철 공사 중 나온 목재와 폐콘크리트를 주택지구 건축에 재사용하여 탄소 배출을 줄이고 있다. 에너지 부문에서는 해상 풍력 발전을 적극적으로 도입해 도시 전력의 상당 부분을 재생 에너지로 공급한다. 건물 단열 개선과 폐열 회수 시스템을 통해 에너지 효율을 높였으며 친환경 지역난방 시스템을 통해 탄소 배출을 크게 줄였다.

코펜하겐은 2025년까지 세계 최초의 탄소중립 수도가 되겠다는 목표를 세우고, 교통·에너지·식생활·산업 전반에서 탄소 감축을 실천하

생태도시 프라이부르크의 상징이 된 시
청사. 건물 전체 외벽에 태양광 패널이
설치되어 있다.

고 있다. 시민들도 정책 결정 과정에 참여할 수 있는 협의체를 운영하
는 등 모두가 함께 지속가능한 도시를 만들어가고 있다.

깊이 들여다보기

프라이부르크의 새로운 시청사는 세계에서 가장 에너지 효율적인 공
공건물 중 하나로 꼽힌다. 이 건물은 태양광 패널, 고단열 유리, 자연
환기 시스템, 지열 에너지 등을 활용해 에너지 소비를 최소화하도록
설계되었다. 외벽에는 재활용 목재와 친환경 소재가 사용되었고, 건물
에서 사용하는 전력의 상당 부분을 자체적으로 생산한다. 시청사는 시
민들에게 친환경 건축의 중요성을 알리는 교육적 역할과 더불어 프라
이부르크가 생태도시임을 상징적으로 보여주는 대표 건축물이다.

기업이 'RE100'을 실천하는 이유

환경 문제의 발생과 해결을 위한 노력

영화 속 미래도시를 연상케 하는 거대한 원형 건물이 눈길을 끄는 이곳은 미국 캘리포니아주에 위치한 세계적인 IT 기업 애플의 본사 '애플파크'다. 지붕에 빼곡히 설치된 태양광 패널은 햇빛을 받아 에너지를 만들고, 중앙에는 숲과 연못이 조화를 이루는 녹색 공간이 자리하고 있다. 이 건물은 기업의 사무공간일 뿐 아니라 지속가능한 환경 경영의 상징이기도 하

탄소중립은 인간의 활동에 의해 배출되는 이산화탄소의 양을 줄이고, 배출되는 이산화탄소를 포집하고 제거하여 실제 이산화탄소 배출량을 0으로 만드는 개념이다. 보통 탄소중립과 Net Zero를 혼용해서 사용하지만, 엄밀히 말하면 탄소중립은 이산화탄소의 배출량을 줄이려는 노력을 의미하고, Net Zero는 이산화탄소뿐만 아니라 메탄, 아산화질소 등 온실가스의 배출을 줄이려는 노력을 의미한다. 즉 Net Zero가 탄소중립보다 포괄적 의미라고 할 수 있다.

다. 애플은 이곳에서 어떤 방식으로 환경 문제 해결에 앞장서고 있을까?

애플파크는 약 1만 2,000명의 직원들이 일하는 공간이지만 100% 재생 에너지로 운영되고 있어서 탄소 배출은 거의 없는 수준이다. 지붕에 17메가와트 규모의 태양광 패널이 설치되어 있어 자체적으로 필요한 에너지 대부분을 생산할 수 있는 덕분이다. 이러한 노력은 애플의 'RE100' 캠페인 참여의 일환이다. RE100은 글로벌 비영리단체인 기후 그룹이 주도하는 캠페인으로, 목표는 기업이 사용하는 전력의 100%를 재생 에너지로 조달하는 것이다. 애플은 전 세계 250여 개 협력업체에도 RE100 달성을 요구하고 있으며 이 조건을 충족하지 못하는 업체는 협력 대상에서 제외하기로 하는 강력한 정책을 천명했다. 애플은 2030년까지 공급망 전체의 탄소중립(Net Zero)을 목표로 하고 있다.

생각 넓히기

애플 외에도 많은 글로벌 기업들이 RE100 캠페인에 참여하고 있다. 구글은 2017년에 이미 자사의 모든 데이터센터와 오피스에서 사용하는 전기를 100% 재생 에너지로 대체했으며, 24시간/1주일 내내 무탄소 에너지 사용이라는 목표를 향해 나아가고 있다. 마이크로소프트 역

시 2030년까지 탄소 네거티브(탄소 배출량보다 흡수량이 더 많은 상태)를 선언하며, 현재 배출을 넘어서 과거의 배출까지 상쇄하겠다는 계획을 내놓았다.

이러한 노력은 단순한 환경 보호를 넘어 기업 이미지 제고, 투자 유치, 고객 신뢰도 상승 등 직접적인 이윤 창출과도 연결된다. 이것이 지속가능발전목표 경영의 핵심이다. 지속가능발전목표 경영은 유엔이 제시한 17개 지속가능발전목표에 따라 기업이 환경, 사회, 경제적 지속 가능성을 균형 있게 추구하는 경영 방식이다. 많은 글로벌 투자자들은 환경, 사회, 지배 구조를 기준으로 기업에 투자하고 있으며, RE100이나 지속가능발전목표에 적극적으로 참여하는 기업은 '윤리적 소비'의 대상이 되어 매출이 증가하는 경우도 많다.

지속가능발전목표 경영을 성공적으로 실천한 파타고니아

패션 브랜드 '파타고니아'는 재활용 원단을 활용하고 환경운동에 적극적으로 참여하며 착한 기업의 이미지를 구축해 소비자들의 충성도를 높였다. 이처럼 지속 가능성을 추구하는 기업의 노력은 단기적인 비용이 들더라도, 장기적으로는 브랜드 가치 상승과 수익 창출로 이어질 수 있다.

ESG는 환경(Environment), 사회(Social), 지배 구조(Governance)의 약자로, 기업이 지속 가능성을 위해 고려해야 할 핵심 요소를 뜻한다. 이는 단순한 사회공헌이 아니라 경영 전략 그 자체를 의미하며, 기업의 장기적 생존과 신뢰 형성에 있어 필수적인 가치로 자리 잡았다. 이러한 ESG 경영이 효과를 거두기 위해서는 소비자의 참여가 필요하다. 소비자의 윤리적 소비는 기업이 책임 있는 선택을 지속할 수 있도록 돕는 중요한 촉매제다. 공정무역 커피, 동물복지 인증 식품, 플라스틱을 줄인 친환경 제품을 선택하는 소비 행위는 기업 ESG 경영의 실천을 촉진하고 사회 전반의 변화를 이끈다. 결국 지속가능한 사회는 기업과 소비자의 공동 실천으로 완성된다. ESG 경영이 뿌리내리기 위해선 윤리적 소비라는 시민의식이 함께 자라야 한다. 오늘의 소비가 내일의 세상을 결정짓는다는 사실을 잊지 말아야 한다.

Part

4

문화와 다양성

우리가 몰랐던 아프리카

다양한 문화권의 특징과 삶의 방식

'아프리카' 하면 고층 빌딩이 즐비한 도시의 모습보다는 대자연과 야생 동물을 떠올리는 사람이 많다. 사진은 케냐의 수도 나이로비로 초원에서 풀을 뜯는 얼룩말 뒤로 고층빌딩이 우뚝 솟아 있다. 도시와 자연이 공존하는 이곳은 아프리카의 전통과 현대, 자연과 산업이 맞닿아 있는 특별한 공간이다. 아프리카는 여전히 '가난, 기아, 내전'과 같은 부정적 이미

부족 경계와 국경의 불일치

지로 인식되곤 하지만, 최근에는 눈에 띄는 경제성장과 도시화로 세계의 주목을 받고 있다. 아프리카는 지금 어떤 변화를 겪고 있을까?

아프리카는 미지의 세계다. 우리는 아프리카를 미디어를 통해 간접적으로만 경험하는데, 이는 우리에게 아프리카를 가난, 기아, 내전과 같은 부정적인 이미지로 인식하게 만들어 편견을 갖게 만든다. 그 편견의 시작은 유럽에 의한 식민지 역사에서 시작한다. 유럽은 식민지 지배를 위해 부족 단위로 살아가던 이들의 경계를 무시하고 인위적인 국경선을 그었다. 그 결과 한 국가 안에 여러 부족이 모여서 살게 되면서 갈등이 나타날 수밖에 없었다. 하지만 지금 아프리카는 과거의 아픈 역사에서 벗어나 새로운 도약을 준비하고 있다.

아프리카는 54개 나라, 2,000종이 넘는 민족, 1,500여 개의 언어가 존재하는 대륙으로 문화적·경제적 다양성이 매우 크다. 최근 아프리카 국가들은 정보통신 기술, 금융, 에너지 산업 등을 중심으로 빠르게 성장하고 있다. 케냐는 모바일 결제 시스템인 'M-PESA'를 통해 금융 서비스의 대중화를 이끌고 있고, 나이지리아는 영화 산업 '놀리우드(나이지리아와 할리우드의 합성어)'로 다양한 문화 콘텐츠를 수출하고 있다. 또한 에티오피아, 가나, 코트디부아르 등은 인프라 투자와 외국 자본

유치로 아시아 신흥국 못지않은 높은 경제성장률
을 보이고 있다.

생각 넓히기

M-PESA의 'M'은 모바일, 'PESA'는 스와
힐리어로 돈을 의미한다.

보츠와나는 안정적 민주주의와 풍부한 자원을
동시에 가진 아프리카에서 보기 드문 국가다. 최
근 국제 민주주의 지수와 다이아몬드 생산 자료
가 공개되면서 이 나라가 다시 주목받고 있다. 보츠와나는 『이코노미
스트』 인텔리전스 유닛이 발표한 2024년 민주주의 지수에서 10점 만
점에 7.81점을 기록하며 아프리카에서는 모리셔스에 이어 2위를, 세계
167개국 중에서는 28위를 차지했다. 이는 자유롭고 공정한 선거와 안
정적인 정치 제도의 결과로 풀이된다.

또한 보츠와나는 세계 다이아몬드 산업의 핵심 국가다. 2023년 기
준 보츠와나의 다이아몬드 생산량은 약 2,500만 캐럿, 생산액으로는
약 32억 달러에 달하는데, 이는 러시아에 이어 2위를 차지하는 수치다.
보츠와나 다이아몬드는 품질이 우수하여 캐럿당 달러 가격이 200달러
가 넘어 러시아 다이아몬드의 2배에 달한다. 이 수익은 보츠와나 GDP
의 30%를 차지하는데, 덕분에 보츠와나는 높은 경제적 자립도를 유지
중이다. 보츠와나는 민주적 거버넌스와 자원 기반 경제를 결합해 아프
리카의 모범 국가로 평가받고 있다.

깊이 들여다보기

미국의 경제학자 제프리 삭스는 그의 저서 『빈곤의 종말』에서 아프리카의 경제 성장이 늦어진 이유에 대해 지리적 제약, 질병, 인프라 부족, 식민지 유산, 초기 자본 부족 등을 꼽았다. 그는 아프리카 내륙 대부분이 고온다습한 열대기후 지역에 속하여 말라리아, 황열병 등 풍토병이 만연하고 이로 인해 인적 자본이 약화되었다고 지적했다. 또한 천연항이 부족하여 세계 시장과의 연결성이 낮은 데다 강에 폭포나 급류가 많아 내륙 교통로로 활용하기 어려운 지형적 특징이 물류 발전을 어렵게 한다고 설명했다. 그러면서 아프리카는 빈곤의 덫에 빠져 있기 때문에 외부에서 장기적인 대규모 투자를 통해 농업, 보건의료, 교육, 인프라, 제도 및 행정 등에 투자해야 한다고 주장했다.

하나의 공간,
두 신앙 –
아야 소피아

IV. 문화와 다양성

다양한 문화권의 특징과 삶의 방식

튀르키예 이스탄불에 있는 아야 소피아의 벽에 걸린 원형 패널에는 금색 글씨로 '알라'와 '무함마드'가 쓰여 있고, 천장에는 예수와 성모 마리아의 비잔틴 모자이크가 장식되어 있다. 아야 소피아는 원래 크리스트교의 성당이었지만 1453년 이슬람 모스크로 바뀌었고 튀르키예 공화국 수립 이후 1935년 박물관으로 개방되었다가

2020년 다시 이슬람 모스크로 전환된 독특한 역사를 지니고 있다. 과연 이 건물은 어떻게 두 종교의 문화가 교차하는 공간이 되었을까?

아야 소피아는 크리스트교 문화와 이슬람 문화가 공존하는 장소다. 이는 기원후 537년 동로마 제국의 수도이자 현재의 이스탄불인 콘스탄티노플에 크리스트교 정교회의 대성당으로 세워졌다. 하지만 1453년 오스만 제국이 이 도시를 정복하면서 아야 소피아는 이슬람 모스크로 전환되었다. 이때 건물 내부에 아랍어로 된 '알라', '무함마드' 등 이슬람의 신과 예언자의 이름이 적힌 커다란 원형 패널이 걸렸고, 크리스트교의 상징들은 가려지거나 일부만 보존되었다.

이처럼 하나의 건축물 안에서 두 종교의 흔적이 동시에 존재하는 것은 두 종교가 역사적으로 영향을 주고받았다는 증거일 것이다. 크리스트교는 예수 그리스도를 구세주로 믿으며 십자가와 예수 그리스도 혹은 성모 마리아의 모습을 담은 성화를 예배와 건축에 활용하는 반면, 이슬람교는 무함마드를 최후의 예언자로 믿으며 신의 형상은 그리지 않고 문자와 기하학적 무늬를 성스러운 표현으로 사용한다. 아야 소피아는 이슬람교와 크리스트교의 차이를 보여주면서 동시에 공존의 가능성을 보여주는 건축물이다.

생각 넓히기

스페인의 코르도바 메스키타(스페인어로 모스크를 뜻한다) 대성당은 코르도바를 정복한 이슬람 세력이 기존에 있던 서고트족의 교회를 새롭

스페인의 코르도바 메스키타 대성당

게 확장하여 만든 건축물로 987년에 완공되었다. 이후 크리스트교 세력이 정착하면서 1523년부터 대성당으로 사용되고 있다.

　라오스의 왓 푸 사원은 크메르 제국에 의해 힌두교 사원으로 지어졌다. 사원의 중심에는 시바, 주변에는 비슈누, 브라흐마 등 힌두교 신화에 나오는 신들이 조각되어 있다. 13세기 이후 이 지역에 불교가 전파되면서 이 사원에도 불상이 봉인되는 등 불교적 특징이 가시적으로 나타나기 시작했다. 불교와 힌두교의 종교 경관이 공존하는 왓 푸 사원은 2001년 유네스코 세계문화유산에 등재되었다.

힌두교와 불교의 종교 경관이 공존하는 라오스의 왓 푸 사원

이슬람 세계에서 발전되어 온 모스크 장
식에 사용되는 아라베스크 문양

깊이 들여다보기

이슬람 율법에서는 인간이나 동물의 형상을 그리
는 것을 금지한다. 이는 우상 숭배를 막기 위한 조
치이고 그 대안으로 등장한 것이 바로 아라베스크
다. 아라베스크는 식물 문양, 기하학 무늬, 아라비
아 글씨 등으로 표현된 덩굴처럼 끊임없이 이어지
는 문양으로 무한한 신의 존재를 형상화한 것이다.
추상적인 문양을 통해 종교적 메시지를 전달하는
이 방식은 이슬람 세계에서 널리 발전해 왔다.

한국, 중국, 일본을 연결하는 끈 – 한자

현란한 네온사인이 빼곡하게 들어찬 거리, 사람들의 분주한 발걸음, 그리고 익숙하지만 어딘가 낯선 글자들. 이것은 홍콩의 밤거리 풍경이다. 간판에 보이는 복잡하고도 정교한 글자는 '한자(漢字)'로, 한국, 중국, 일본 등 동아시아 문화권의 언어적 공통성을 보여주는 대표적인 문자다. 한자는 문자의 역할을 넘어서서 문화와 역사, 사

고방식까지도 공유하게 만든 중요한 매개였다. 동아시아 문화권은 한자 사용 외에 어떤 공통점을 가지고 있을까?

동아시아 문화권의 대표적인 특징 중 하나가 한자 문화를 공유한다는 점이다. 한자는 고대 중국에서 시작되어 수천 년 동안 주변국으로 전파되었고, 한국과 일본의 언어와 문화에 많은 영향을 주었다. 지금도 중국은 한자를 공식 문자로 사용하고 있으며, 일본은 가나와 한자를 혼용하고 있다. 한국은 일상생활에서 한자의 사용이 많이 줄긴 했지만 공공 표기나 성명, 학문 분야 등에서는 여전히 활용된다.

한편 한국의 '학교(學校)', 일본의 '学校(がっこう)', 중국의 '学校(xuéxiáo)'는 발음은 달라도 의미와 표기는 거의 동일하다. 이러한 문자적 공통성은 동아시아 국가들 간의 역사적, 문화적 유사성을 형성하도록 하는 중요한 요소다. 특히 유교 경전과 고전 문학의 전파, 관료제 운영, 교육 제도 등에서 한자의 영향력은 지리적 경계를 넘는 강력한 문화적 기반이 되었다. 한자는 단순한 글자가 아니다. 그것은 시간과 공간을 넘어 동아시아 사람들의 삶과 정신을 연결해온 문화의 다리다. 그런데 우리는 어떻게 같은 문자를 쓰면서 이토록 다른 문화를 만들어 왔을까?

한자 외에도 동아시아 문화권에는 여러 공통점이 존재한다. 먼저 유교적 가치관이 사회 전반에 뿌리내리고 있다는 점이다. 세 나라 모두 공자 사상을 기반으로 가족 중심의 질서와 효(孝)와 예(禮)를 중시하는 가치관이 뿌리 깊게 자리 잡고 있다. 설날이나 추석 등 명절에 조상에게 제사를 지내는 문화는 동아시아 전통의 대표적인 유산이다. 또한 음력설(춘절, 설날, 오쇼가쓰), 단오, 추석(중추절)에는 농경 문화와 자연 주기, 조상 숭배가 결합된 유사한 명절 문화를 가지고 있다.

다음으로 한국, 중국, 일본에서는 식사할 때 젓가락을 사용한다. 젓가락은 나무, 대나무, 금속 등 재질의 차이는 있으나 식사 예절과 집단 식사 문화 등에서 유사성을 보인다. 젓가락은 가족이나 여럿이서 함께 음식을 나누어 먹거나 밥과 반찬을 함께 먹는 식사문화에서 가장 적합한 도구다.

젓가락의 길이와 재료가 모두 다르다

위부터 차례로 중국, 한국, 일본의 젓가락이다. 우리나라에서 전통적으로 사용한 젓가락은 놋쇠(황동), 은, 구리 등으로 제작했는데, 이러한 금속 재료의 젓가락은 위생적이고 오래 사용할 수 있었다. 중국 젓가락은 대나무나 나무를 사용해 만들었고, 끝이 둥글고 뭉툭하며 길이가 길다. 이는 볶음요리나 튀김요리 등을 접시에 덜어서 먹기에 편하도록 만들어진 것이다. 일본의 젓가락은 나무나 대나무를 재료로 사용하고 끝이 뾰족한 것이 특징이다. 생선을 주로 먹는 일본에서는 생선의 가시를 발라내거나 날생선을 잡는 데 유용하기 때문에 끝이 뾰족한 젓가락을 사용한다.

세 나라의 탑

한국의 불국사 석가탑(왼쪽), 일본의 호류지 오층탑(가운데), 중국의 자은사 대안탑(오른쪽)이다.

깊이 들여다보기

불교의 전래와 함께 한국, 중국, 일본에서는 서로 다른 형태의 탑이 발전했다. 각국의 자연환경에 따른 재료의 차이가 다른 형태의 탑으로 나타난 것이다. 한국은 화강암이 풍부해 석탑 중심의 불교 건축이 발달했다. 석가탑과 다보탑이 대표적이며, 간결한 형태와 안정적인 비례미를 중시한 것이 특징이다. 중국에서는 초기에는 목탑이 주류였으나 화재 위험 때문에 점차 벽돌과 흙을 활용한 전탑으로 변화했다. 중국 북부에서는 황토와 벽돌을, 남부에서는 목재를 많이 사용했다. 반면 일본은 삼림이 울창하고 목재가 풍부해 목탑이 중심을 이뤘다. 일본의 목탑은 지진에 대비해 유연한 구조를 갖추었다.

삶과 정신을 이어주는 전통문화

전통문화는 그 나라 사람들의 삶과 정신을 담고 있어서 오늘날에도 공동체의 정체성을 이어주는 중요한 역할을 한다. 이는 단순히 과거를 보존하는 것이 아니라 그 속에 담긴 가치와 의미를 현대에 맞게 계승하는 데 큰 의의가 있다.

사진은 태국 북부 치앙마이에서 열리는 이펑 축제에서 밤하늘로 수많은 풍등이 떠오르며 황금빛 장관을 이루는 모습

'이펭'은 두 번째 보름달을 뜻한다. 13세기 란나 왕국 시대에 시작된 이 축제는 란나력으로 두 번째 달 보름에 열린다.

강에 연꽃 모양의 배를 띄우는 러이끄라통 축제

'러이'는 띄우다, '끄라통'은 연꽃 모양의 작은 배를 의미한다. '러이끄라통'은 태국 전역에서 열리는 축제로 호수나 물에 촛불을 피우고 공물을 넣은 끄라통을 띄우는데 이는 불운을 정화하는 의미를 담고 있다. 연꽃 모양의 배는 바나나 잎으로 만든다.

이다. 이곳의 사람들은 풍등을 하늘로 띄우며 지난해의 불운을 씻어내고 다가올 새해의 행복과 평안을 기원한다. 매년 11월이면 전 세계에서 많은 여행객이 이 축제를 보기 위해 치앙마이를 찾는다. 이러한 전통문화는 어떻게 시작되었을까?

이펭 축제는 태국 북부에서 전해 내려오는 전통 불교 축제로, 특히 치앙마이에서 성대하게 열린다. 같은 시기에 강이나 하천에 연꽃 봉오리 모양의 등불을 띄우는 러이끄라통 축제도 열린다. 이 두 축제는 우기가 끝나고 건기가 시작되는 시기에 열리는데, 이는 우리나라의 추석처럼 농작물을 수확하며 풍요에 대한 감사의 마음을 하늘에 전하고자 하는 농경사회의 전통문화를 담고 있다.

전통문화는 단순한 과거의 유물이 아니라 공동체의 가치와 정체성을 담은 중요한 자산이다. 이는 공동체의 유대감을 강화시킬 뿐만 아니라 역사와 정체성을 보존하게 한다. 또한 오늘날에는 관광 산업과 연결되어 지역 경제에 큰 도움을 준다. 전통문화를 지킨다는 것은 과거를 기억하고 현재를 풍요롭게 하는 가치 있는 일이다.

우리나라에도 불과 빛을 통해 한 해의 액운을 없애고 복을 기원하는 전통적인 풍속이 있다. 대표적인 것이 정월 대보름의 달집태우기다. 정월 대보름이 되면 마을 주민들은 마른 나무와 짚으로 커다란 달집을 만들어 불을 붙이고는 달집이 타오르는 모습을 보며 한 해의 불운을 태우고 풍년과 건강을 기원했다. 달집이 활활 잘 타오를수록 그해 농사가 잘되고 집안에 좋은 일이 생긴다고 믿었다.

정월 대보름의 풍속인 달집태우기

깊이 들여다보기

이펭 축제와 유사한 형태의 축제가 우리나라에도 있다. 바로 진주 남강 유등 축제다. 남강 유등 축제의 정확한 기원에 대해서는 기록이 남아 있지 않지만 구전으로 두 가지 이야기가 전해 온다.

가장 설득력이 있는 설은 1952년 임진왜란 당시 4,000명이 되지 않는 병력으로 2만 명의 왜군을 무찔렀던 진주성 전투에서 성 밖의 의병들과 연락하기 위해 풍등을 띄우고 남강에 유등을 띄웠다는 것이다. 이때 유등은 진주성 내의 병사들이 성 밖의 가족들에게 안부를 전하는 역할도 했다고 전해진다. 또 다른 설은 촉석루에서 몸을 던진 논개를

쥐불놀이는 정월 대보름 무렵 논과 밭에 불을 놓아 해충과 쥐를 없애고 풍년을 기원하는 전통 민속놀이다.

추모하기 위해 진주의 백성들과 기생들이 유등을 띄웠다는 것이다.

지역의 역사적 전통을 지역축제로 승화시킨 것은 1949년 영남예술제에서 유등 띄우기 행사를 한 것이 그 시작이었다. 지금은 '남강 유등 축제'라는 독립적인 축제로 자리매김했는데, 2025년에는 칭다오 맥주 페스티벌과 함께 '2025 아시아축제와 야간경제구역'으로 선정되어 아시아의 대표 야간 축제로 인정받기도 했다.

낯선 곳에서 피어난 익숙한 문화

두 팔을 활짝 벌린 거대한 예수상이 아름다운 도시를 조망하고 있다. 그 뒤로 하늘과 구름이 보여서인지 예수상이 하늘에 떠 있는 듯한 느낌마저 든다. 마치 양옆으로 펼친 두 팔로 이 세상의 모든 것을 품어줄 것만 같다. 예수상 뒤로 보이는 붉은 지붕과 흰색 외벽이 어우러진 도시 경관, 그리고 푸른 녹지와 공원은 자연과 도시

브라질 리우데자네이루의 예수상

세계적으로 유명한 리우데자네이루의 예수상은 공식 명칭이 '구세주 그리스도상'이며, 리우데자네이루의 랜드마크이자 브라질을 대표하는 문화유산이다. 이 예수상은 다문화적이고 포용적인 사회정신을 반영하는 동시에, 기독교 문화가 브라질 사회에 깊이 뿌리내리고 있음을 보여주는 상징이기도 하다. 브라질이 문화적으로 포르투갈의 영향을 받았다는 사실을 고려한다면, 리스본의 예수상이 먼저 만들어진 후 브라질 리우데자네이루의 예수상이 만들어졌을 것으로 생각하기 쉬울 것이다. 하지만 사실은 리우데자네이루의 예수상이 먼저 만들어졌고 이에 영감을 받아 포르투갈 리스본 예수상이 같은 모습으로 제작되었다.

가 어우러진 평화로운 모습이다. 사진 속 예수상이 서 있는 곳은 어디일까?

아마도 브라질의 리우데자네이루의 예수상을 먼저 떠올렸을 것이다. 여러 대중 매체에 웅장한 모습으로 자주 등장하기도 하고 브라질을 대표하는 상징으로 널리 알려져 있어서 전 세계인에게 친숙하기 때문이다. 하지만 이 사진 속 예수상은 포르투갈 리스본에 있는 것이다. 두 예수상은 각각 리스본과 리우데자네이루의 랜드마크이자 크리스트교 문화의 나라임을 드러내는 대표적인 상징물이다. 두 예수상은 예수 그리스도를 형상화한

거대한 조각상으로 팔을 벌리고 있는 모습을 하고 있다는 점이 공통점
이다. 예수상의 팔을 벌린 자세는 포용과 평화를 상징하며, 전 세계인
에게 사랑과 환영의 메시지를 전하고 있다.

리스본의 예수상은 브라질 예수상보다 덜 알려져 있지만 사실 두
예수상은 깊은 역사적 연관성을 가지고 있다. 포르투갈과 브라질의 문
화적 연결고리인 예수상은 단순한 건축물이 아니라 두 나라가 서로 영
향을 주고받으며 형성된 문화 전파의 산물이다. 이를 통해 우리는 문
화가 교류하고 재창조되는 과정의 다채로운 양상을 탐색할 수 있다.

생각 넓히기

브라질은 어딘가 유럽적인 느낌이 있지만 또 다른 느낌도 있다. 이는
'문화 동화'라는 개념으로 설명할 수 있다. 문화 동화는 서로 다른 두
문화가 접촉했을 때, 한 문화가 다른 문화의 특징을 받아들여 결국 하
나의 문화로 통합되거나 흡수되는 현상을 말한다. 라틴아메리카의 경
우, 15세기 말 콜럼버스의 신대륙 발견 이후 스페인과 포르투갈의 영
향력이 본격화되면서 문화 동화가 시작되었다.

유럽인들의 대규모 이주 이후 원주민과의 혼혈이 활발하게 이루어
지면서 라틴아메리카에서는 원주민의 문화가 유럽 문화 안으로 점차
동화되어 갔다. 이 과정에서 브라질은 오랫동안 포르투갈의 식민 지배
를 받았으며 그때 포르투갈의 언어, 문화, 종교 등이 브라질에 전파되
었다. 이후 음악, 음식, 예술 등 다양한 분야에서 두 나라는 서로 영향을

문화 융합을 보여주는 '삼바'

오늘날의 라틴아메리카 문화는 단순히 유럽 문화의 복제본이 아니다. '문화 동화'가 한쪽 문화가 흡수되는 경향이 강한 반면 '문화 융합'은 두 문화가 만나 새로운 제3의 문화가 만들어지는 것을 의미한다. 라틴아메리카에서 이뤄진 문화 동화 과정 중에도 원주민 문화의 일부 요소가 살아남아 유럽 문화와 융합되기도 했다. 또 여기에 노예로 끌려온 아프리카 출신 이주민들의 문화적 유산까지 더해져 '삼바'가 탄생했다. 포르투갈과 유럽의 춤곡 양식에 아프리카의 타악기 리듬과 춤이 결합되어 발전한 삼바는 브라질 카니발을 대표하는 춤과 음악으로 리우 카니발의 하이라이트다.

주고받으며 활발한 문화 교류를 이어나가고 있다.

깊이 들여다보기

문화 동화는 긍정적인 결과를 가져오기도 하지만 문제점과 부작용을 낳기도 한다. 긍정적인 영향은 한 사회 내에서 다양한 문화적 배경을 가진 사람들이 주류 문화에 동화되면 공통된 가치, 규범, 언어를 공유하게 되어 사회 통합이 촉진될 수 있다는 점이다. 이는 문화적 차이로 인한 오해나 갈등을 줄이고 사회 구성원 간의 유대감을 강화할 수 있다. 또한 동일한 언어를 사용하고 유사한 사고방식을 공유하게 되면 사회 구성원들 간의 의사소통이 원활해지고 경제, 정치, 교육 등 다양한 분야에서 교류가 더 효율적으로 이루어질 수 있다.

하지만 부작용 또한 분명하다. 고유한 문화, 언어, 전통이 사라져 사회 전체의 문화적 다양성이 감소하는 것이다. 또한 주류 문화에 동화된 소수 민족의 입장에서는 정체성 혼란 및 소외감과 상실감을 경험하게 된다. 만약 강제적인 방식으로 문화 동화를 이루려 할 경우에는 사회 내부의 갈등 요인으로 작용하게 된다. 때문에 문화 동화의 과정을 이해하는 데는 신중하고 균형 잡힌 시각이 필요하다.

맛의 기원을 찾아서

보트 위 좁은 공간에서 원뿔형의 베트남 전통 모자 논라를 쓴 여성이 맛있는 쌀국수를 조리하고 있다. 현재 전 세계 어디에서나 쉽게 접할 수 있는 베트남 쌀국수는 어떻게 만들어졌을까?

베트남은 1884년부터 인도차이나 전쟁이 끝난 1954년까지 프랑스의 식민 지배를 받았다. 프랑스가 식민 지배를 하던 당시 베트남 북부 하노이의 항구 노동자

라그만

라그만은 신장 웨이우얼 자치구와 중앙
아시아에서 즐겨먹는 면 요리다. 밀가루,
소금, 물만으로 수타하여 만든 면을 각종
채소와 고기 등을 넣어 같이 볶는 것으로
신장 웨이우얼에서는 국물이 거의 없는
볶음면의 형태로, 우즈베키스탄에서는
국물이 많은 짬뽕의 형태로 만들어 먹는
다. 라그만의 기원은 이름이 중국의 납면
과 유사한 것에서 중국 한족의 라면이 중
앙아시아로 전파되어 만들어졌다는 설과
과거 유적의 발굴을 근거로 신장 웨이우
얼 지역에서 발생했다는 설이 있다. 라그
만은 신장 웨이우얼 지역이 다른 지역과
교류가 활발했기 때문에 주변 민족들로
전파되었고 각 지역의 특색과 합쳐져 전
통 음식으로 발전했다.

들이 저렴하게 끼니를 해결하던 음식이 베트남 쌀
국수의 원형이라 전해진다. 당시에는 소를 농사짓
는 데 많이 이용했기 때문에 서민들은 소고기를 많
이 먹지 못했다. 그러다 베트남에 온 프랑스인들이
소고기를 많이 소비하는 과정에서 자투리 고기와
소뼈가 유통되기 시작했고 그것이 쌀국수 조리법
에 영향을 주었다고 한다. 이것이 현재 베트남 쌀
국수를 일컫는 'Pho'의 기원이다. Phở는 쌀국수의
납작한 면을 뜻하는 'bánh phở'의 줄임말이다. 이
후 하노이가 도시화되면서 길거리 노점에서 비교
적 간단하고 빠르게 조리할 수 있는 쌀국수가 인기

있는 음식으로 자리 잡은 것이다.

베트남 쌀국수는 1900년대 초반에 베트남 전국에 유행하면서 각 지역의 특색 있는 재료와 결합하여 다양한 변형이 만들어졌다. 초기의 육수, 면, 삶은 소고기를 넣었던 단순한 요리가 인도차이나 전쟁 이후 육수와 고명 등 재료가 다양해진 것이다. 베트남 북부에서 유행한 소고기 쌀국수는 중국계 이민자인 화교들이 가져온 쌀 면의 제조법과 프랑스 식민 지배 과정에서 프랑스인들의 소고기 소비의 영향, 베트남의 자연환경이 합쳐져 만들어진 문화다.

 **생각 넓히기**

문화는 학습성, 공유성, 축적성, 전체성, 변동성을 가진다. 한 사회의 생활양식의 총체인 문화는 후천적으로 학습, 습득되며 문화적 환경에 따라 사람들의 행동과 사고방식이 달라지는데 이것이 문화의 '학습성'이다. 또한 문화는 한 사회에서 공통으로 나타나는 것이므로 '공유성'을 가지고, 언어와 문자 체계 등을 통해 다음 세대로 전해지고 생활양식이 누적되어 형성되므로 '축적성'을 가진다. 여기에 더해 문화는 한 사회의 문화를 구성하는 여러 요소가 서로 밀접하게 연관되어 있으므로 '전체성'을, 문화가 고정되어 변화하지 않는 것이 아니라 끊임없이 변화하므로 '변동성'을 가진다.

문화는 새로운 문화 요소를 창출, 발명하거나 자연 현상, 사회 현상을 새롭게 발견하는 경우에 변화하며, 한 문화가 다른 문화로 전달되거나 전파되는 경우에도 변화한다. 통신 기술의 발달은 한 지역 사회에서 발명된 문화 요소가 매우 단시간에 전 세계 여러 지역의 문화에 영향을 미칠 수 있게 만들었다. 현대 사회는 과학 기술의 발달로 물질 문화가 매우 빨리 전파되지만 비물질 문화인 제도, 가치관 등은 물질 문화의 전파와 변화만큼 빠르게 이뤄지지 않는다. 이런 비물질 문화의 발전 속도가 물질 문화의 발전 속도보다 늦는 현상을 '문화 지체'라고 한다.

 **깊이 들여다보기**

직접 전파, 간접 전파, 자극 전파 등은 문화의 외재적 변동(변동의 원인이 문화권 밖에 있는 것)이다. 로마 제국의 확장으로 라틴어, 로마법, 도로 체계가 유럽에 전파된 것처럼 문화 집단의 직접 접촉을 통해 전파된 것은 직접 전파다. 할리우드 영화를 통한 미국 대중문화와 가치관이 전 세계로 전파된 것, 우리나라의 문화가 넷플릭스와 유튜브를 통해 전 세계로 확산한 것처럼 매개체를 통해 전파된 것은 간접 전파다. 아라비아 숫자 체계가 유럽에서 재해석되어 현대 수학적 표기법으로 발전한 것, 한글이 없던 신라 시대에 한자의 음과 뜻을 이용하여 우리말을 표기한 이두 등은 다른 문화 요소로부터 아이디어를 얻어 새로운 것을 창조한 것으로 자극 전파의 예다.

손으로 먹는 음식에서 찾은 문화 다양성

손으로 음식을 먹는 모습은 숟가락, 젓가락 사용에 익숙한 우리나라 사람들에게는 불편하기도 하고 쉽게 이해되지 않는 문화 특성이다. 오랫동안 숟가락과 젓가락 또는 포크와 나이프로 음식을 먹는 것이 당연한 문화에서는 손으로 음식을 먹는 행위 자체가 낯설어 보이기 쉽지만 모든 사람이 도구를 사용해서 식사하는 것은

곤여만국전도

곤여만국전도는 1602년 이탈리아 신부 마테오 리치가 편찬한 세계 전도다. 중국에 선교사로 온 마테오 리치는 중국인들이 수천 년간 지속해 온 중국 중심의 세계관을 수정하기 위해 이 지도를 제작했다고 전해진다. 조선에 전해진 곤여만국전도는 조선의 지식인들이 중화사상에서 벗어나 더 넓은 세계를 만나게 해주었다. 현재 우리가 사용하고 있는 대서양, 지중해, 지구, 적도, 경도, 위도 등의 용어도 마테오 리치가 곤여만국전도를 제작하는 과정에서 번역한 것이다.

아니다. 전 세계 인구 중 약 40%가 손으로 식사하는 '수식'을 하는데, 그중 대표적인 지역이 인도 문화권이다. 그렇다면 인도 문화권에서는 왜 손으로 음식을 먹는 것일까?

손으로 음식을 먹는 문화의 역사를 거슬러 올라가면 고대 인도 철학인 아유르베다(Ayurveda)에 이르게 된다. 우주와 인간을 상호 연관지어 고찰하는 고대 인도의 전통의학인 아유르베다에서는 인간의 손이 우리 세계를 구성하고 있는 다섯 가지 원소와 관련이 있다고 보는데, 엄지는 공간, 검지는 바람, 중지는 불, 약지는 물, 새끼손가락은 땅을 나타낸다고 여긴다. 음식을 손으로 만지는 행위가 원소들

이 음식과 상호작용하는 과정이라고 인식하는 것이다. 그리하여 손가
락을 모아 음식을 먹는 것은 식사 자체에 집중할 수 있으며 음식이 가
진 고유의 질감과 향을 더 잘 느낄 수 있다고 한다. 더 나아가 손끝의
감각으로 온도, 질감, 수분 등을 미리 감지할 수 있어 인체의 소화 시스
템이 음식을 받아들일 준비를 하기 때문에 소화가 잘되고 과식을 막을
수 있다고 한다.

생각 넓히기

중국인들이 세계의 중심이 중국이고 자신들의 문화가 가장 우수하다
고 생각했던 중화사상처럼 문화를 바라보는 인식은 '자문화 중심주의'
에 해당한다. 자문화 중심주의는 문화적 정체성을 높여 사회 통합과
결속을 높일 수 있지만 다른 문화를 열등하게 인식
하여 차별로 이어질 수 있다. 반면에 '문화 사대주
의'는 다른 나라의 문화를 동경하여 더 우월하다고
여기고 자신의 문화를 낮추어 보는 것이다. 문화
사대주의는 다른 문화를 비판적으로 수용하지 못
하고 전통문화의 가치를 인정하지 않는 문제점이
있다.

다양한 문화 사이에는 우열이 존재하지 않으며
문화는 각각의 사회가 서로 다른 자연환경에 적응
한 과정의 결과로 형성된 생활양식이므로 역사적,

서양 중심의 사고 방식

심리학자 조지프 헨릭은 인간 심리학
이나 행동에 대한 연구에서 연구 참가
자의 상당수가 'WEIRD' 출신을 표본
으로 한다는 사실을 지적했다. WEIRD
란 Western(서구), Educated(교육받은),
Industrialized(산업화된), Rich(부유한),
Democratic(민주주의 사회)의 머리글자를
딴 것이다. 그의 지적은 인간 행위에 대한
학문 연구도 서양인의 관점이나 사고방
식에서 이루어지고 있음을 시사한다.

사회적 맥락에 따라 다를 수밖에 없다는 것을 이해해야 한다. 이러한 인식을 '문화 상대주의'라 하는데, 이는 세계 각 지역과 국가에서 나타나는 사람들의 생활양식의 다양성을 인정하는 것이다. 세계 곳곳에서 문화 교류가 활발하게 이뤄지는 현대 사회에서는 다양한 문화가 공존하므로 상대의 문화를 이해하고 존중하는 문화 상대주의적 인식이 필요하다.

깊이 들여다보기

인도 문화권에서는 손으로 음식을 먹을 때 오른손만 사용한다. 이는 오른손은 청결하고 왼손은 불경하다고 여기기 때문이다. 손으로 음식을 먹기 때문에 식당에는 손을 씻는 시설이 갖추어져 있거나 음식을 제공하기 전에 손을 씻는 물을 내어준다. 인도에서는 누가 사용했는지 알 수 없는 식당의 공용 식기보다는 자신이 상태를 알 수 있고 직접 관리할 수 있는 손을 더 위생적이라고 생각하는 것이다.

손으로 음식을 먹는 행위는 그 지역의 식재료 및 조리 방법과도 연관이 있다. 인도와 마찬가지로 필리핀, 서남아시아에서도 손으로 식사하는 경우가 있다. 이 지역들은 더운 기후 때문에 우리가 살고 있는 동아시아 문화권과 달리 국과 같은 뜨거운 음식을 먹는 경우가 적고 찰기가 적어 손으로 먹기 용이한 인디카 종의 쌀을 주로 소비한다.

다문화주의란 무엇인가?

문화적 다양성을 존중하는 다문화 사회

캐나다 토론토 유니온 역 앞에는 프란체스코 피렐리가 제작한 '다문화주의 기념비'가 설치되어 있다. 기념비를 자세히 보면 가운데 사람 주위로 새들과 선들이 자리하고 있다. 이 기념비는 무엇을 의미하는 것일까?

"다문화주의는 긍정적일 뿐만 아니라 다양한 혈통과 신념을 가진 사람들 간의 종교 간 대화와 평화로운 협력을 발전시

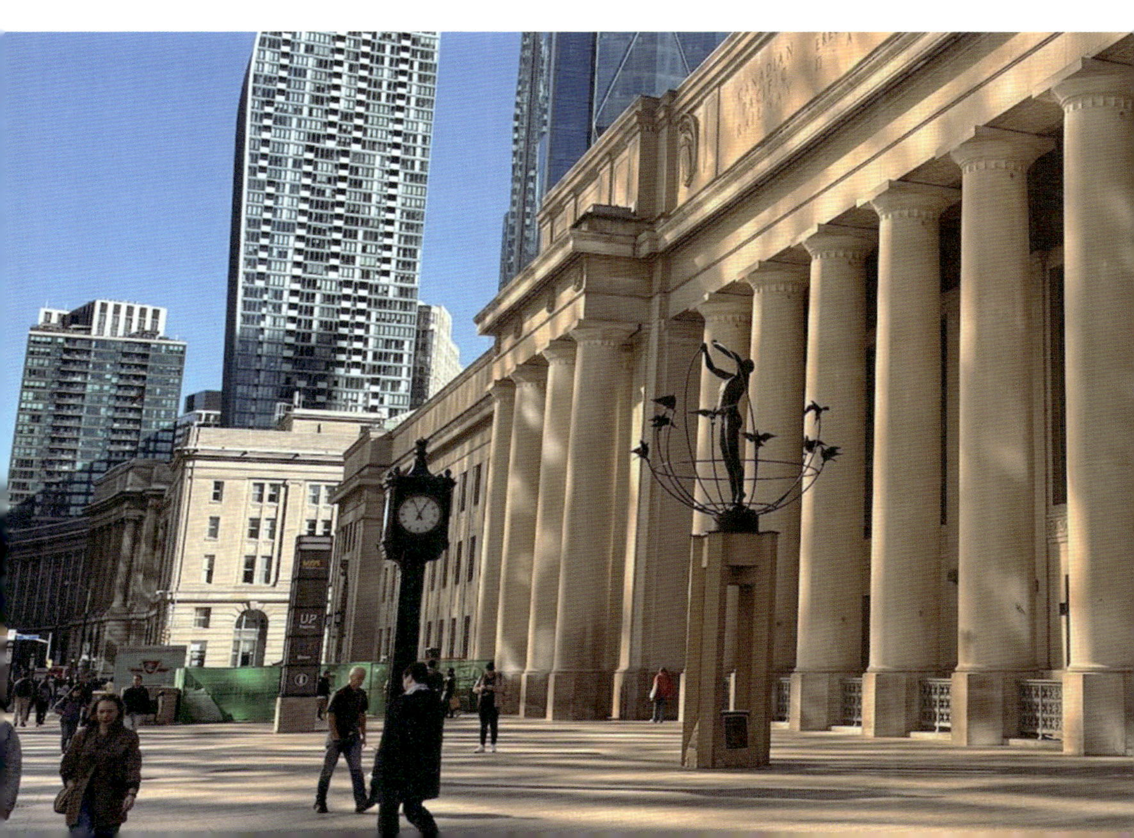

하와이는 대표적인 다문화 사회다. 미국의 주로 편입되기 전 하와이 왕국(1795~1893)에서는 사탕수수 산업이 성장함에 따라 부족한 노동력을 메우기 위해 1852년부터 중국인 노동자를 이주시키기 시작했다. 이후에는 포르투갈, 일본, 한국의 노동자들도 유입되었다. 그 결과 1910년에는 총인구 20만 명 중 일본인이 42%, 백인(포르투갈 포함)이 23%, 하와이 원주민이 20%, 중국인이 11%, 한국인이 2.4%, 필리핀인이 1.1%를 차지하는 다문화 사회가 형성되었다. 자유인으로 이주한 노동자들은 사탕수수 농장의 열악한 노동 여건 속에서 자국의 문화가 우월하다는 생각 대신 자유와 평등의 정신을 갖게 되었다. 그 결과 포르투갈의 콩찌개와 말라사다(도넛), 중국의 잡채, 한국의 김치와 고기전, 하와이 국수 사이민이 하와이 음식으로 자리 잡았고 포르투갈 이민자의 우쿨렐레 역시 하와이 악기로 인식되고 있다.

키는 수단입니다. 그 이유는 다문화주의의 목표가 오래된 증오와 새롭게 생겨나는 증오 모두를 극복하는 데 있기 때문입니다. 즉 다문화주의는 모든 인종차별적 태도와 광신적 근본주의에 반하는 것으로 여겨집니다. 다문화주의는 모든 테러 행위에 맞서며 폭력부터 분쟁, 대량 학살에 이르기까지 개인 간의 명백한 폭력에 반대합니다. 간단히 말해서 다문화주의는 윤리적으로 부도덕한 민족 정화로 이어질 수 있는 한쪽이 다른 쪽을 지배하는 모든 형태에 반대합니다. 다문화주의는 또한 정치적, 경제적, 그리고 넓은 의미에서 문화적인 모든 동질화와 이기주의에 반대합니다."

이는 다문화주의 기념비를 제작한 피렐리의 강

연 내용이다. 이 기념비에서 비둘기와 사람은 문화적 생명력을 상징한다. 전 세계를 의미하는 경도선을 한데 모으고 있는 이 기념비는 보스니아 헤르체고비나 사라예보, 중국 지린성 창춘, 남아프리카공화국 이스트 런던, 오스트레일리아 시드니에도 설치되어 있다.

생각 넓히기

다문화주의는 국가와 지역 내에서 다양한 문화의 공존을 추구하고 사회적으로 이를 지키고 인정하려는 태도다. 현대 서구사회에서 다문화주의

하와이는 다양한 문화가 조화롭게 공존한다는 인식 덕분에 미국에서 '무지개 주'라고 불린다. 그 무지개를 상징하는 다양한 색깔을 입힌 아이스크림인 하와이 빙수는 일본에서 이주한 노동자들에게서 유래한 것이다.

가 자리 잡게 된 것은 제2차 세계대전 이후 각 나라가 겪은 급격한 경제 성장과 인구 구조 변화의 결과다. 경제 성장의 과정에서 저출산, 고령화로 노동력이 부족해지자 아프리카나 아시아, 남아메리카 등의 개발 도상국에서 이주노동자들이 많이 유입된 것이다. 다문화주의는 사회 내의 다양한 인종, 민족들의 문화가 서로 공존하는 데 가치를 둔다. 반면에 동화주의는 소수의 문화가 지배적 문화 또는 주류 문화에 동화되어야 한다고 보는 것이다. 흔히 다문화주의는 다양한 재료가 어울려 맛을 내는 '샐러드 볼'에, 동화주의는 모든 재료를 한데 녹여 새로운 제품을 만드는 '용광로'에 비유한다.

깊이 들여다보기

	동화주의	다문화주의
문화적 지향	문화적 동질화 추구 추상적인 타문화 이해와 수용	문화적 이질성 존중 구체적인 타문화 인정과 보호
다양성 개념	사적 영역의 문화적 다양성 보호	사적, 공적 영역의 문화적 다양성 보호
이주민에 대한 관점	완전한 동화를 전제로 한 인정 노동력, 이방인 통합의 대상	상호 존중과 관용 사회 구성원 사회 다양성의 원천
갈등 해소 방안	완전한 동화를 통한 사회 갈등 해소	완전한 참여를 통한 사회 갈등 해소
평등 개념	기회의 평등	결과의 평등
정책 수단	소수집단 차별 방지의 법제화 (소극적 수단)	소수집단 문화와 권리 보호의 법제화(적극적 수단)
장점	동화로 인하여 이주민에 대한 차별성 배제	인류 공존과 공영이라는 보편적 가치의 실현
비판	동화의 현실적 어려움 이주민에 대한 현실적인 사회적 배제	민족 정체성 약화 사회적 분열 초래

정장엽·정순관 「한국 다문화가족정책의 정향성 분석: 동화주의와 다문화주의」에서 발췌

다양한 사람들이 어울려 살아가는 사회

IV. 문화와 다양성

문화적 다양성을 존중하는 다문화 사회

세계인권선언에서 "모든 인간은 존엄성과 권리에 있어 자유롭고 평등하게 태어났으며, 특히 인종, 피부색 또는 민족적 출신에 구별 없이 선언에 명시된 모든 권리와 자유를 누릴 자격이 있다고 선포하고 있다. 또한 모든 사람은 법 앞에 평등하며 어떠한 차별 없이 법의 평등한 보호를 받을 권리가 있고, 모든 차별과 그러한 차별

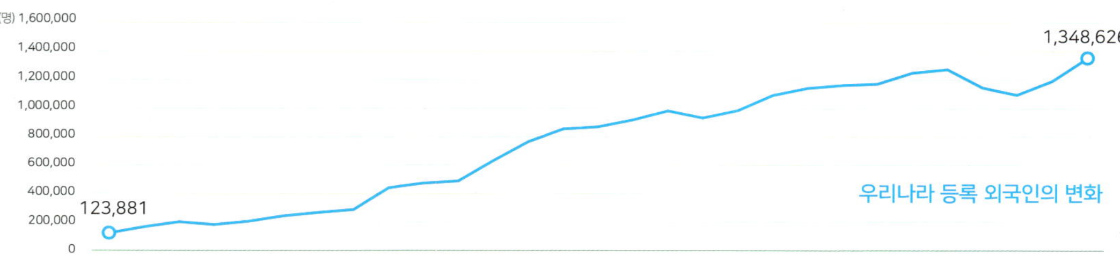

등록 외국인과 체류 외국인

우리나라에 입국한 외국인이 90일 이상 체류하려면 출입국관리사무소에 등록하여 외국인등록증을 발급받아야 한다. 이런 경우가 등록 외국인이 된다. 체류 외국인은 등록 외국인은 물론이고 단기로 체류하는 외국인까지 포함하여 우리나라에 체류 중인 모든 외국인을 이르는 말이다.

에 대한 선동에 대하여 평등한 보호를 받을 권리가 있다고 선포하고 있다. … 인종적 차별화나 우월성에 관한 어떠한 교리도 과학적으로 허위이며, 도덕적으로 비난받을 만하고, 사회적으로 부당하고 위험하다. 이론적으로나 실제적으로나 인종차별에 대한 정당화는 존재하지 않는다. … 인종, 피부색 또는 종족의 기원을 근거로 한 인간의 차별은 국가 간의 우호적이고 평화적인 관계에 대한 장애물이며 국민 간의 평화와 안전을, 심지어 동일한 단일 국가 내에서 나란히 살고 있는 인간들의 조화마저 저해할 수 있다는 것을 재확인한다. 모든 형태와 양상에 있어 인종차별을 신속히 철폐시키기 위한 모든 필요 조치를 채택하고, 인종 간의 이해를 증진시키기 위하여 인종주의자의 이론과 실제를 방지하고 격퇴시키며 모든 형태의 인종 분리 및 인종차별이 없는 국제공동사회를 건설할 것을 결의한다."라고 선언하고 있다. - 「모든 형태의 인종차별 철폐에 관한 국제협약」

생각 넓히기

다문화 사회는 한 사회 안에 인종, 언어, 종교 등 문화적 배경이 다른 사람들(집단)이 공존하는 사회를 의미한다. 세계화라는 시대의 흐름 속에서 우리나라에도 많은 수의 외국인이 일자리를 찾거나 결혼을 하면서 정착해 살아가고 있다. 과거 우리나라의 이주노동자들은 임금 수준이 낮은 국가에서 단기 취업을 통해 돈을 벌어 출신국으로 되돌아가려는 경향이 많았다. 그러나 현재는 우리나라에 정착하려는 경향이 높아지고 있어서 본격적으로 다문화 사회로 옮겨가고 있음을 알 수 있다.

> **문화적 다양성과 경제**
>
> 실리콘밸리에서는 어린아이들이 여러 나라의 언어를 구사하는 것이 자랑거리라고 한다. 다양한 언어를 구사하는 것이 다양한 사고를 할 수 있는 능력이자 다른 사람의 문화를 이해하는 능력이라고 보는 것이다. 수많은 혁신 기업이 탄생하는 실리콘밸리에서 문화적 다양성을 기업의 생존과 지속을 위한 중요한 요소로 여기는 것이다.

다문화 사회는 외국으로부터 온 이주민 증가로 국내 노동력이 늘어나 국내총생산이 증가하는 긍정적인 면이 있다. 또한 이민자가 늘어나면 세금과 소비도 증가하므로 내수가 촉진되는 효과도 있다. 하지만 이주노동자의 유입에는 부정적인 면도 존재한다. 노동 시장에서 기존 저소득층 노동자와의 경쟁으로 갈등이 발생할 여지가 있으며 이주민이 우리 사회에 적응하지 못할 때 복지 문제나 계층적 갈등이 나타날 가능성도 있다.

우리나라에서는 2008년 「다문화가족지원법」을 제정하여 다문화가족 구성원이 안정적인 생활을 영위하고 사회 구성원으로서 제 역할을 다할 수 있도록 지원하고 있다. 국가인권위원회에서도 출신 국가, 출신 민족, 인종, 피부색 등을 이유로 한 차별을 금지하고 있으며 학교와 지방자치단체에서도 다문화 이해 교육을 늘려가고 있다.

깊이 들여다보기

우리나라에 체류하는 외국인 수는 2024년 260만 명을 넘어섰다. 중국, 베트남, 태국, 일본, 필리핀 등 아시아권 출신 체류자가 다수를 차지하는데, 이는 2024년 대구광역시 인구 약 240만 명보다 많은 수다. 미디어와 SNS에서는 국민 중 외국인이 일정 비율(보통 5%로 소개되지만 정확한 근거는 없다.)을 넘으면 다문화 사회에 진입한다고 소개하고 있다. 하지만 진정한 다문화 사회는 외국인의 비율로 정의되는 것이 아니다. 나와 다른 문화적 배경을 가진 이주 외국인을 존중하고 그들의 다양한 문화를 인정함으로써 모두가 평화롭게 공존할 때 진정한 다문화 사회라고 할 수 있다.

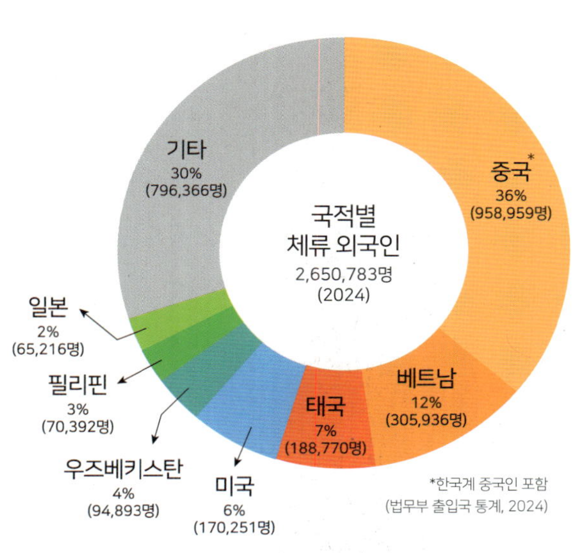

우리나라 체류 외국인의 국적별 구성

Part

5

생활공간과 사회

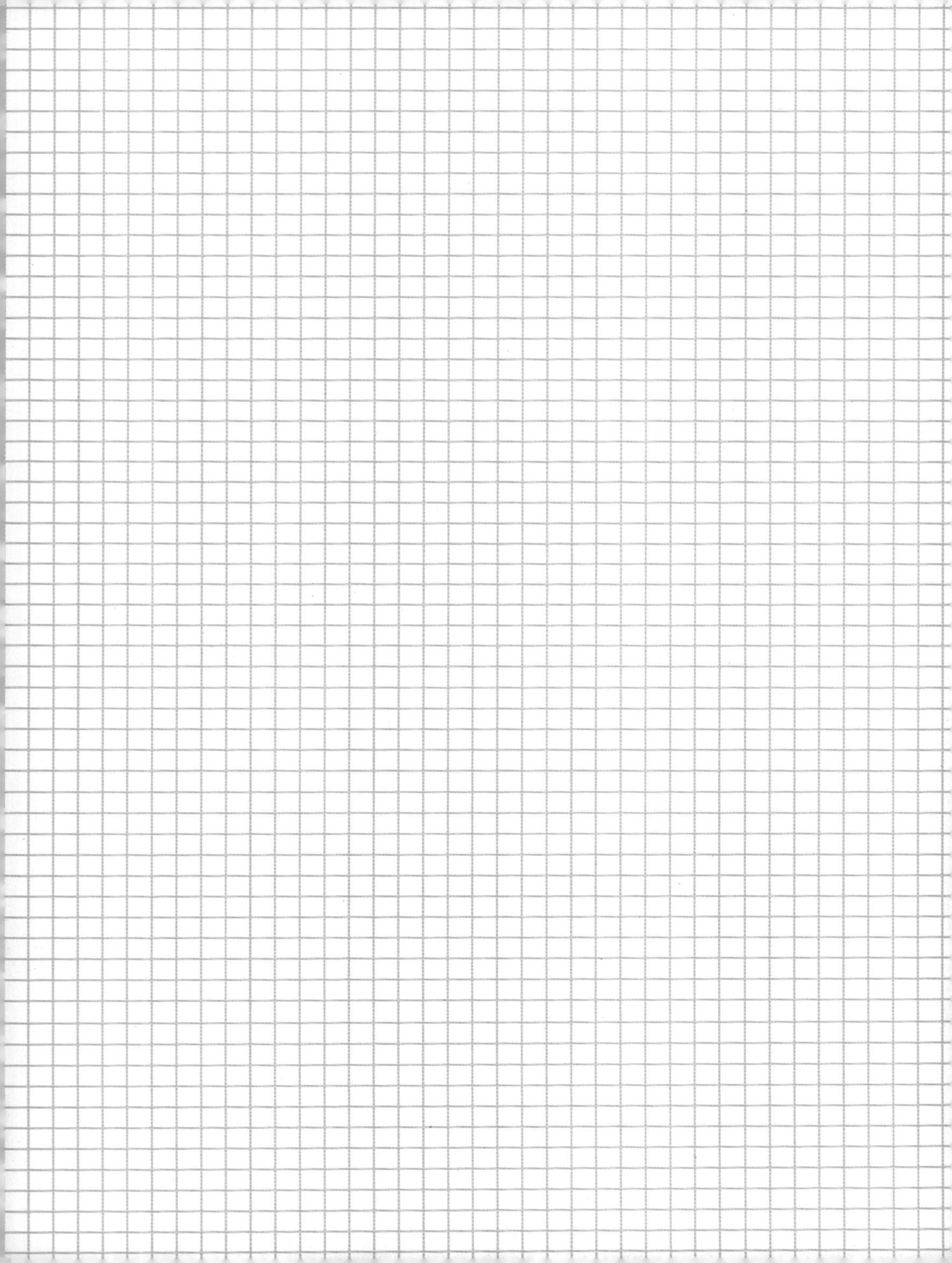

산업 혁명이 도시 발달에 미친 영향

산업화와 도시화에 따른 우리 생활의 변화

사진은 박물관이나 관광지에서 볼 수 있는 증기 기관차다. 유럽에서 시작된 산업 혁명의 도화선이 된 증기 기관은 실을 뽑는 방적기를 시작으로 철도에까지 사용되면서 산업화를 앞당겼다. 이러한 산업화의 과정은 우리가 살고 있는 도시에 어떤 영향을 미쳤을까?

아크라이트가 발명한 방적기는 오랫동안 수력으로 작동되었다. 그러다 증기

기관을 사용하게 되면서 공장 입지가 하천 주변에서 벗어나 자유로워졌다. 또한 생산 속도의 증가는 대량 생산으로 이어져 산업 혁명의 기반을 마련하게 되었다. 증기 기관은 바로 제철소에서도 사용되어 철강 생산량을 비약적으로 증가시켰다. 특히 철강 산지와 석탄 산지가 인접하여 효율적으로 철강을 생산할 수 있었던 영국에서는 철강 공업이 산업을 주도하게 되었다.

철도에도 적용된 증기 기관은 이전의 말이 끌던 마차에 비해 속도는 2~3배나 빨랐고 요금은 3분의 2에 불과하여 사람과 물자가 이동하는 데 걸리는 시간을 엄청나게 단축시켰다. 곧 유럽 대륙으로 확대된 철도는 이웃한 국가로 수출하는 상품의 증가에 일조했고, 이는 공장에서 더 많은 제품을 생산하도록 만들어 전체 산업 규모가 커지는 효과를 불러왔다. 이러한 일련의 기술 혁신으로 이루어진 산업 혁명은 전 세계를 산업화와 도시화의 물결 속으로 밀어넣었다.

 ## 생각 넓히기

철도 교통의 확장은 원료와 제품의 운송 비용을 크게 절감시켰다. 즉 석탄, 철강, 면직물 등을 빠르고 저렴하게 운송할 수 있게 되면서 산업화가 빠른 속도로 진전되었다. 철도 건설은 그 자체로 막대한 자본의 투자가 필요했으므로 금융업과 주식시장 발달을 촉진했으며, 철강, 기계 공업 등 관련 산업의 성장을 이끌었다. 농촌 인구가 철도를 통해 도

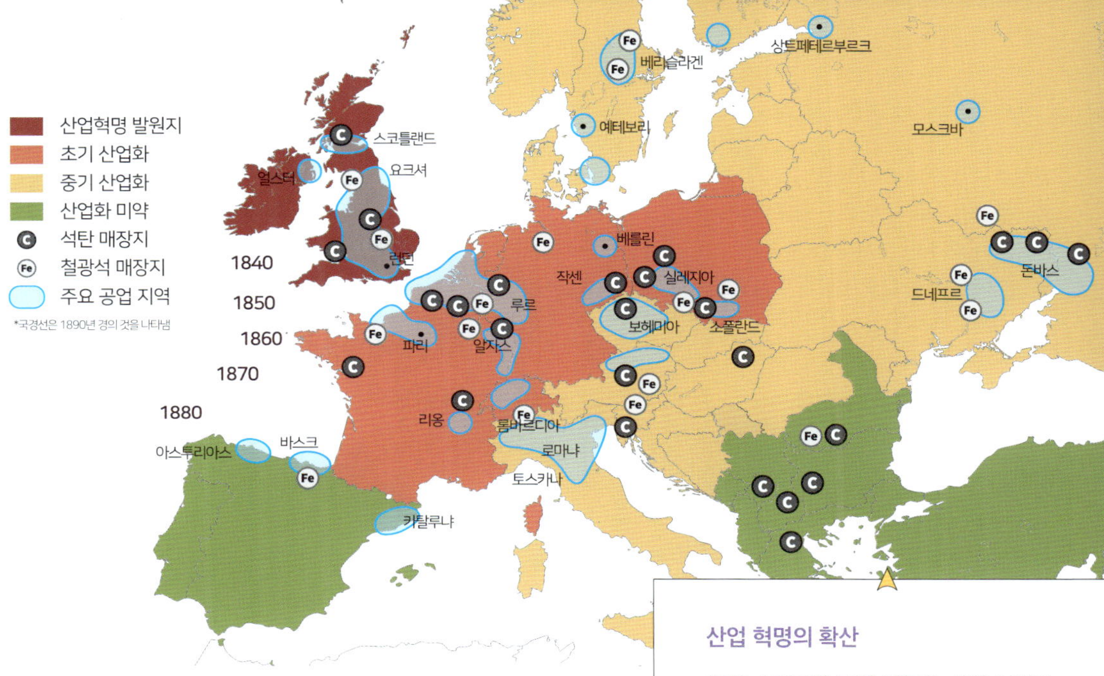

시로 이주하면서 공업 도시들은 급격한 성장을 이루었고, 철도역을 중심으로 도시의 공간 구조가 재편되고 교외 지역의 개발도 일어나게 되었다. 철도가 형성한 도시와 도시 사이의 연결망은 사람들의 이동을 쉽게 하여 대도시와 중소 도시 사이의 계층 체계를 만들어냈다. 또한 여행이 대중화되면서 관광업이 발달하고 신문과 우편물의 배송 속도가 빨라짐에 따라 정보 전달 속도도 빨라져 정보의 유통에 큰 영향을 미쳤다.

산업 혁명의 확산

1760~1830년 무렵 영국은 산업 혁명의 과정에서 얻은 기계, 제조 기술, 숙련된 노동자들의 해외 유출을 금지했다. 그러나 일부 영국인들은 사익을 위해 기술을 유출하려 했고 대륙의 유럽 국가들은 그것을 얻고 싶어 했다. 영국인 윌리엄 코커릴과 존 코커릴은 1807년경 벨기에 리에주에서 면방직 장비와 공장을 건설하여 벨기에가 대륙의 유럽 국가 중 최초로 산업화를 시작할 수 있게 했다. 유럽 대륙의 산업 혁명 확산이 벨기에에서 시작된 데는 이러한 배경이 있다. 당시 프랑스는 시민 혁명의 과정에 있었고 독일은 석탄과 철을 많이 보유한 나라였지만 민족적 통일이 되지 않은 상태였기에 영국보다 산업 혁명이 늦게 시작될 수밖에 없었다.

인클로저(Enclosure) 운동은 16~19세기 영국을 중심으로 미개간지·공유지 등 공동 이용이 가능한 토지에 담이나 울타리 등 경계선을 쳐서 다른 사람의 이용을 막고 사유지로 만든 현상이다.

산업 혁명이 영국에서 발생한 이유

산업 혁명이 왜 영국에서 시작되었는가에 대해서는 다양한 견해가 있다. 먼저 영국이 의회 제도와 재산권 보호가 확립되어 있었고 인클로저 운동으로 인한 농업 혁명, 석탄과 철광석 등의 풍부한 자원 보유, 해외 무역을 통한 자본 축적과 시장 확보가 작용한 결과라는 견해다. 이는 청교도 윤리, 실용주의, 합리적 사고방식을 바탕으로 한 과학 발달, 전쟁에서 안전한 섬나라면서 항구 개발에 유리한 지리적 조건 등이 복합적으로 작용해 필연적으로 발생했다고 보는 것이다.

다른 견해는 증기 기관의 개선, 방적기의 발명, 나폴레옹 전쟁으로 인한 대륙 국가들의 경쟁력 약화, 신대륙에서의 면화 공급 증가 등의 요인들이 우연적이고 단기적으로 조합되어 영국에서 산업 혁명이 먼저 시작되었다고 보는 것이다.

깊이 들여다보기

산업 혁명의 발생은 인클로저 운동을 통한 농업 혁명과 식민지 경영을 통한 원료 공급 및 시장 확보가 그 기반이 되었다. 인클로저 운동으로 많은 수의 소작 농민들이 토지를 잃게 되어 도시로 이주했고 그 농민들은 당시 공장제 수공업 아래에서 임금 노동자로 전락하게 되었다. 한편 인클로저 운동 이후 농촌에서도 농업 방법의 개선과 윤작 제도, 품종 개량 등으로 농업의 생산성이 크게 높아져 이전에 비해 적은 노동력으로 농산물을 충분히 생산하고 공급할 수 있었다.

한편 농촌에서 밀려나 도시로 이주한 사람들로 인해 도시 인구는 빠르게 증가하여 도시화가 진전되었으며 도시 노동자 계층의 형성은 소비 증가로 이어져 다시 공업 발전을 촉진하는 계기가 되었다. 결국 인클로저 운동은 중세의 봉건 농업사회에서 자본주의 산업사회로의 전환을 일으키고 산업 혁명의 기반을 마련한 중요한 계기가 되었다.

도시의 공간 구조 – 도시에 아파트가 많은 이유

아파트가 숨막힐 정도로 가득 차 있는 이 사진을 자세히 들여다보면 집들이 크지 않고 건물 사이의 거리도 매우 가깝다는 것을 알 수 있다. 또 창 밖으로 빨래를 많이 널어놓은 모습에서 집이 넓지 않다는 것도 유추해 볼 수 있다. 아파트는 우리에게는 매우 익숙한 주거 형태인데, 사진 속 아파트는 왜 우리나라와 다른 모습일까?

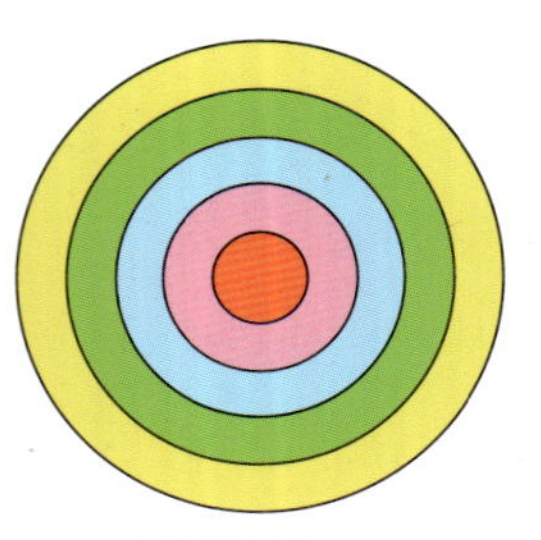

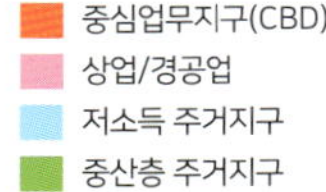

동심원 모형(버제스, 1925)

선형 모형(Hoyt, 1939)

다핵 모형(Harris and Ullman, 1945)

도시 구조를 설명하는 모형들

도시의 구조를 설명하기 위한 여러 연구와 이론이 있다. 사회경제적 지위에 따라 주거지가 분화된다는 단순한 형태의 동심원 이론, 도시가 교통축을 따라 섹터(부채꼴) 형태로 확장되어 발달한다는 선형 이론, 도시에 다수의 도심, 부도심이 존재한다는 다핵 이론 등이다. 다만 이것은 모두 유럽이나 동아시아와 달리 근대에 평지에서 발달한 미국의 도시들을 모델로 하여 도시의 구조를 설명한 것이다.

이 사진은 홍콩의 아파트다. 홍콩은 인구가 2023년 약 750만 명이고 면적은 1,104제곱킬로미터다. 인구밀도가 제곱킬로미터당 약 6,800명이나 된다. 그러니까 인천광역시보다 약간 더 넓은 면적에 인천광역시 인구의 2.5배, 서울특별시 인구의 80%나 되는 사람들이 살고 있는 셈이다. 홍콩의 1인당 주거 면적은 15제곱미터, 약 5평 정도로 주변국 일본 40제곱미터, 대만 47제곱미터, 한국 33제곱미터에 비해 턱없이 작다. 집안에 세탁기를 놓을 수 있으면 주택 가격이 동일 면적 대비 2배, 집안에 화장실이 있으면 10배가 비싸진다고 할 정도이며 한 채를 다시 여러 개의 작은 방으로 나눈 쪽방(분할 주택, '관짝 집'이라고도 한다)도 흔한 주거 형태다.

이러한 주거난의 원인은 비효율적인 토지 정책이 원인으로 공공용지로 사용되어야 할 토지를 경매하여 홍콩의 재정을 충당해 왔기 때문이다. 또 3차 산업에 의존하고 있는 홍콩에서는 다수의 일자리가 홍콩

섬과 구룡반도에 몰려 있어 해당 지역의 주택난은 더 심각하다. 저소득층은 교통비가 높지만 주거비가 상대적으로 낮은 외곽 지역과 교통비가 적지만 주거 환경이 열악한 중심 지역 중에 하나를 선택해야 한다.

 ## 생각 넓히기

농업 사회에서 공업을 중심으로 하는 산업화가 진전되면 도시화는 필연적으로 발생한다. 도시는 '2차, 3차 산업에 종사하는 사람들이 밀집하여 분포하는 지역', '주변의 배후 지역에 재화와 서비스를 제공하는 중심 기능을 갖는 지역'으로 정의된다. 산업화로 인해 농촌에서 도시로 이주한 잉여 노동력은 도시가 외형적으로 더욱 성장하게 만든다. 그렇게 많은 인구가 집중되면 도시에는 각종 사회 기반 시설이 확충되고 그것은 다시 인구가 도시로 집중되도록 하는 결과를 초래한다. 도시화 과정에서 도시의 토지는 기능적 분화(어떤 지역이 특정한 기능으로 사용되는 것)를 하게 되는데, 대체로 도시의 중심부는 모든 방향에서 접근성이 좋으므로 수익이 큰 상업 지역을 형성하여 토지 가격이 더욱 높아진다. 토지 가격의 상승은 도시의 토지 이용 밀도를 높이는데 이것을 '집약적 토지 이용'이라 한다. 도시에서 접근성이 좋은, 그래서 토지 가격과 수익이 높은 토지는 제한되어 있으므로 집약적 토지 이용은 고층 건물의 건축이나 지하 공간 개발 등의 형태로 나타난다.

도시의 제한된 토지를 이용하기 위해서는 주택, 상업, 공업 등 기능의 경쟁이 발생하여 결국 최고의 지대(토지를 경영하여 얻는 수익)를 얻을 수 있는 토지 이용 방식이 선택된다. 상업은 공업이나 주택 기능에 비해 토지에서 얻는 수익이 크므로 일반적으로 도시에서 가장 접근성이 좋은 중심부를 차지한다. 한편 도시의 중심부에 주택 기능이 자리하기 위해서는 상업 기능만큼의 지대를 얻기 위해 고층 아파트와 같은 고밀도 주거 지역을 형성할 수밖에 없다. 도시의 고밀도 주거 형태는 긍정적인 측면도 있다. 제한된 토지를 효율적으로 이용할 수 있으며 좁은 지역에 많은 인구가 거주하므로 대중교통이 발달한다. 또한 직장과 주거지 간의 이동 거리가 짧고, 아파트와 같은 공동 주택은 에너지 효율성 측면에서 더 유리하다. 하지만 과도하게 인구가 밀집되면 자연히 주거 비용이 높아지고 이에 따른 생활 스트레스는 물론 이웃 간 갈등, 사생활 침해 등의 문제도 발생한다.

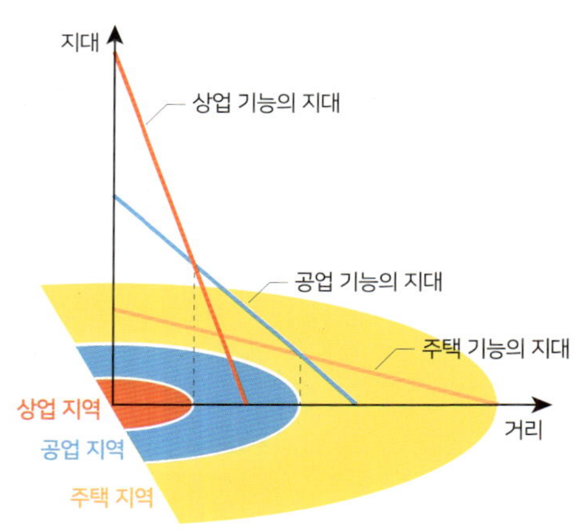

이 그림은 도시의 토지 이용에 따른 지대와 도시 내부의 지역 분화 원리를 보여준다. 일반적으로는 단위 토지를 이용했을 때 주택보다 공업이, 공업보다 상업이 토지당 얻는 수익이 크다.

1인 가구의 증가
- 나 혼자 산다

산업화와 도시화에 따른 우리 생활의 변화

한 여성이 집에서 음식을 먹으면서 무엇인가에 열중하고 있다. 현대 사회에는 다른 가족이나 배우자 없이 혼자서 시간을 보내는 1인 가구의 비중이 높아지고 있다. 그 원인은 무엇일까?

1인 가구는 근대 초기부터 19세기까지는 낮은 비율로 일정하게 유지되었지만 1960년 무렵부터는 그 비율이

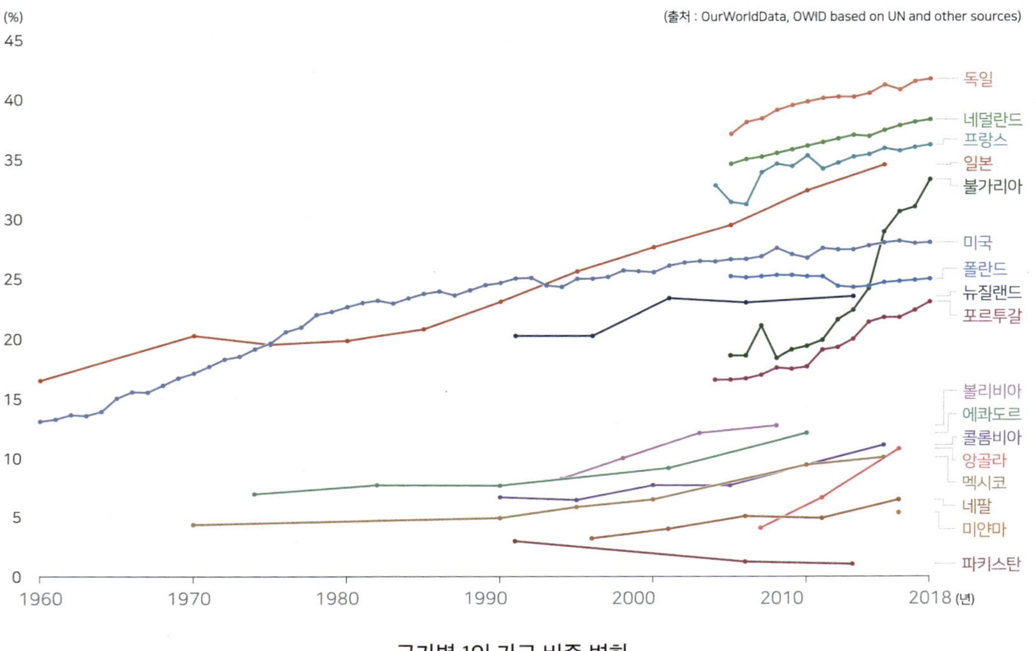

국가별 1인 가구 비중 변화

빠르게 커지기 시작했다. 특히 1인당 GDP가 큰 국가에서 1인 가구가 더 많이 증가하고 있는데, 이들은 다양한 경로와 매체를 통해 사람들과의 관계를 유지하기가 쉽고 복지 수준이 높아 1인 가구를 유지하는 것이 어렵지 않기 때문이다. 하지만 가구 구성원의 수가 소득 수준과 반드시 비례하는 것은 아니어서 국가의 문화적 환경에 따라 소득 수준이 높아도 대가족을 지향하는 경우도 있다. 또한 집약적 노동이 필요한 농촌과 개인적 노동이 중시되는 도시는 필요로 하는 노동의 형태에 따라 가구 구성 형태도 달라진다. 이로 인해 도시화와 산업화가 진행될수록 도시의 가구는 핵가족화된다.

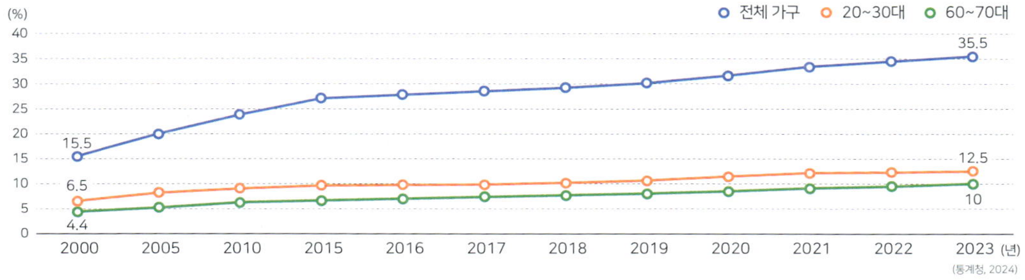

생각 넓히기

농촌은 농업에 종사하는 사람들이, 도시는 제조업과 서비스업에 종사하는 사람들이 주를 이루고 있다. 산업화와 기술 발달로 농업도 전문화되고 기계화되었으나, 여전히 많은 노동력이 필요하고 농작물의 재배 시기에 따라 집약적으로 노동력이 투입되어야 한다. 이는 농촌 지역이나 농업 국가의 가구 구성 인원이 상대적으로 많은 이유다. 반면에 도시는 인구 밀도가 높고 산업화와 도시화에 따른 개인주의적 가치관이 더 깊게 자리 잡고 있어서 핵가족이나 1인 가구가 높은 비중을 차지한다.

대부분의 선진국에서는 이미 1인 가구가 사회의 일반적인 가구 형태로 자리 잡았다. 그 결과 소비 행태도 전통적인 가구 구성이 아니라 1인 가구나 핵가족에 맞게 변화하고 있다. 소형 주택이나 원룸 형태의

우리나라 1인 가구의 증가

우리나라의 전체 가구 수 중 1인 가구 비중은 2000년 15.5%에서 2023년 35.5%, 782만 9,000가구로 2배 이상 증가했다. 이에 반해 우리나라의 대표적인 가구 형태였던 4인 가구의 비율은 31.1%에서 13.3%로 감소했다. 2023년 1인 가구의 연령대별 비중은 70세 이상이 19.1%, 29세 이하가 18.6%다. 이는 2022년의 18.6%, 19.2%였던 것이 1년 만에 역전된 것이다.

수요가 증가하고 그에 따라 공간을 효율적으로 활용할 수 있는 가구의 수요와 공급이 크게 증가했다. 생활 가전도 소형화되고 시간을 절약해 줄 수 있는 제품이 늘어났으며 구독형 가전제품에 대한 수요가 증가했다. 식품 산업도 1인분씩 소포장된 재료나 식품, 밀키트, 온라인 배달 분야가 크게 성장했고 외식업계도 혼밥을 위한 인테리어나 키오스크 주문 방식 등이 보편화되었다. 1인 가구의 증가는 엔터테인먼트 산업에도 지각 변동을 일으켜 과거 극장에서 영화를 감상하던 수요가 OTT 서비스로 대거 이동했으며, 반려동물 관련 산업은 대규모로 성장했다.

 깊이 들여다보기

2023년 기준 우리나라 지역별 1인 가구 비율은 경기도가 21.9%로 가장 높다. 전국적으로는 인구 규모에 비례해 1인 가구 수가 분포하지만, 연령대 구성에는 지역별로 차이가 있다. 세종·서울·대전·광주·경기 등 서비스업과 제조업이 발달한 지역은 30대 이하 1인 가구 비중이 높고, 전남·경북·경남·전북·강원 등 농업 비중이 높은 지역은 60대 이상 1인 가구 비중이 높다. 이는 지역 산업 구조가 가구 형태와 연령 분포에 직접적인 영향을 미친 결과다.

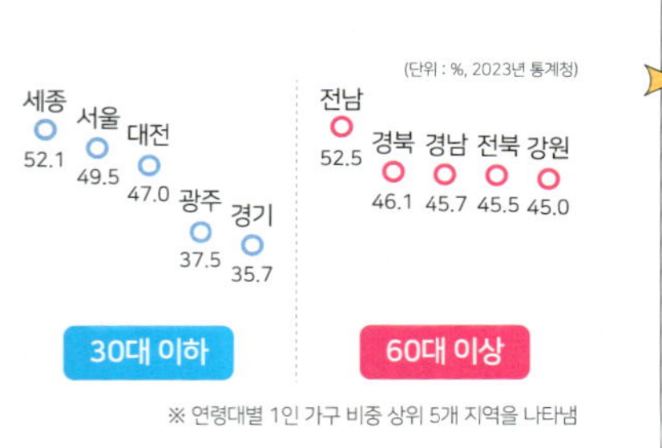

지역별 1인 가구 연령대 비중

대도시에는 왜 노숙자가 많을까?

대도시의 길에서 종종 마주칠 수 있는 노숙자의 모습이다. 가방과 스마트폰을 소유하고 있는 것으로 보아 노숙의 기간이 길지 않았다고 추측할 수도 있지만 그는 노숙자임이 분명해 보인다. 그런데 농촌이 아닌 도시, 특히 대도시에서는 왜 노숙자를 더 자주 만나게 될까?

대도시에서 마주치는 노숙자는 도시 성장에 따른 사회적 문제 중 하나다. 부

샌프란시스코의 노숙자

최근 미국 샌프란시스코는 노숙자가 증가하는 추세다. 경제 성장으로 일자리가 크게 늘어나 많은 인구가 유입되었지만 신규 주택 건설이 제한되자 주택 부족으로 임대료가 치솟았기 때문이다. 샌프란시스코의 도심은 비교적 좁은 지역인데 시가지 개발이 조밀하고 공터가 부족하여 노숙자들이 인도를 점령하고 있는 상황이다. 더욱이 도시의 보행자 비율도 높아 미국의 다른 도시에 비해 노숙자가 훨씬 눈에 잘 띄는 편이다.

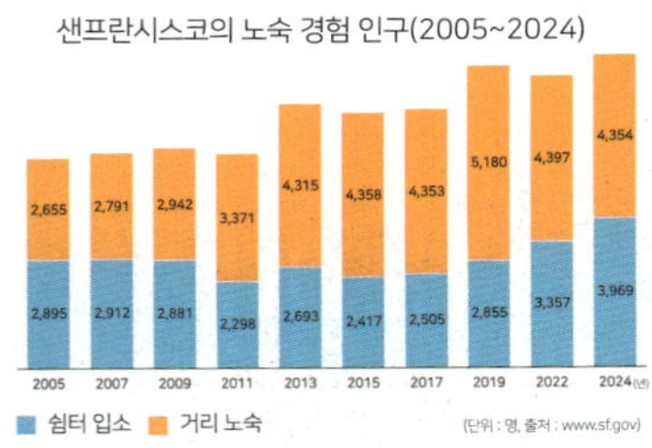

샌프란시스코의 노숙자 증가

동산 가격 상승으로 인한 주거 비용의 증가는 저소득층에 더 큰 영향을 미치고 임금 상승률이 주거비의 증가 속도를 따라가지 못하면 저소득층은 집을 잃을 가능성이 높아진다. 대도시에서 흔한 고용 형태인 비정규직, 플랫폼 노동자 등은 소득이 안정적이지 못하고 경제 불황이나 산업 구조가 변화하면 쉽게 실직하게 된다. 여기에 부족한 사회 안전망이나 제도의 허점이 결합하면 도시 노동자가 노숙자로 전락하는 것을 예방하지 못한다.

대도시가 도시를 계속 개발, 재개발하는 과정에서 저렴한 주거지가 사라지고 기존 주민이 밀려나는 것도 노숙자 발생의 원인이 된다. 도시에서 낙후되거나 영세한 상업 지역, 저소득층 주거지 등에 재개발 또는 상권 변화로 외부 자본과 중산층이 유입되면 임대료가 상승하게 된다. 그러면 기존 주민과 상인이 내몰리는 젠트리피케이션 현상이 일어나고 이는 노숙자를 증가시킨다.

　도시의 가족 해체 현상도 노숙자를 발생시키는 원인이다. 가족 내 갈등이나 가정 폭력, 학대 등으로 가족의 주거지를 벗어날 수밖에 없는 상황에서 사회적 안전망이 제대로 기능하지 않으면 사회적 약자는 노숙자가 될 가능성이 높아진다.

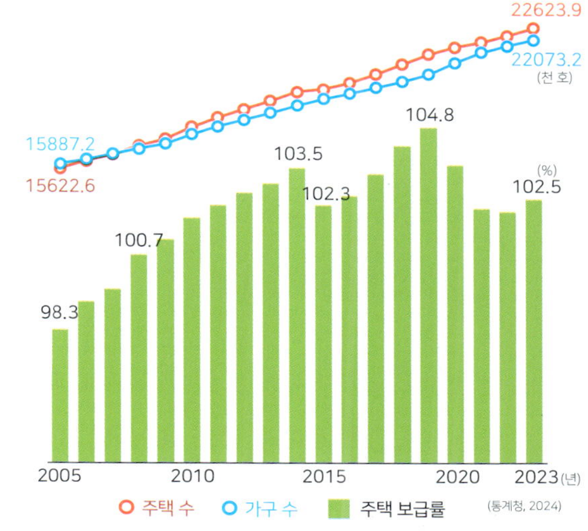

우리나라 주택 수, 가구 수 및 주택 보급률 변화

생각 넓히기

도시화로 인해 발생하는 대도시 공간 구조의 문제점 중 대표적인 것이 주택 문제다. 도시의 제한된 토지에 많은 인구가 밀집하면 기존 토지를 재분배할 수는 없으므로 토지 가격 상승과 주택 개발 부족으로 이어지게 된다. 즉 사회 기반 시설과 교육 여건, 직장 등이 잘 갖추어진 대도시에 인구가 더 많이 밀집하면 주택 가격이 상승하고 결국 저소득층은 주거 비용을 감당하기 어려워진다.

　최근 가구당 가구원 수가 감소하여 1인 가구가 대폭 증가한 것도 주택 수 부족 현상의 원인으로 작용하고 있다. 우리나라의 경우 도시를 중심으로 대규모 아파트를 공급하여 주택 부족을 해결하려 한다. 그러나 도시 계획에 따라 발생하는 규제 때문에 주거 지역 개발이 더 힘들기도 하고 대규모 주택 개발의 경우 계획부터 실제 수요가 발생하는 시점까지 시간 차가 커서 주택의 수요-공급 불균형이 반복적으로 나타나고 있다.

 ## 깊이 들여다보기

선진국도 노숙자 문제에 있어서는 예외적이지 않다. 미국의 경우 1930년대 대공황 당시에는 무려 200여만 명의 노숙자가 존재했다. 이는 이후 루스벨트 대통령의 뉴딜 정책으로 공공 주택 건설을 비롯한 사회복지를 증대시키는 계기가 되기도 했다.

미국의 많은 대도시에는 노숙자를 위한 보호 시설이 갖추어져 있고 각종 지원 정책이 시행되고 있다. 하지만 법과 제도의 사각지대에 놓인 노숙자들은 여전히 증가하고 있으며 개인이 아닌 가족 전체가 노숙을 하는 경우도 크게 증가하고 있다. 노숙자의 증가는 개인의 소득과 주거 비용의 큰 격차로 인해 발생하는 문제인데, 이는 더 많은 사회적 문제를 일으킨다. 노숙자들은 의료 시스템의 사각지대에 있어 노숙 기간이 길어질수록 건강이 나빠지고 사망 위험이 커지며 다양한 감염병과 질환에 취약해진다. 약물이나 알코올 중독에 빠질 가능성 역시 매우 높으며 폭력 상황에 지속적으로 노출될 수도 있다. 이는 신체 건강과 더불어 정신 건강에도 큰 문제를 일으켜 종국에는 사회적 부담이 커지는 결과를 낳는다.

도시 문제의 해결 – 대도시에서 자전거 이용하기

산업화와 도시화에 따른 우리 생활의 변화

많은 사람이 한꺼번에 자전거를 타고 도로를 지나고 있다. 자전거 이용자들의 복장이 일상복인 것으로 보아 특별한 행사가 아니라 출퇴근 시간의 자전거 행렬임을 유추할 수 있다. 우리나라에서도 자전거를 이용하는 사람이 많지만 이러한 풍경은 쉽게 보기 어렵다. 이들은 어느 나라의 사람들이며 이렇게 많은 사람이 한꺼번에

코펜하겐의 자전거 통행용 육교

코펜하겐도 처음부터 자전거 중심의 교통 정책을 가진 도시는 아니었다. 1950~1960년대에 자동차 구입 가격이 하락하고 유가가 저렴해지면서 자동차는 코펜하겐의 주요 교통수단으로 자리 잡았고 자전거 이용률은 급격히 하락했다. 그러다 1970년대 석유파동을 겪으면서 자동차 운행이 어려워지자 자전거를 대안으로 삼은 것이다. 시민단체는 자전거 도로의 확대를 제안했고 시에서도 주도적으로 관련 기반 시설을 만들고 자전거 정책을 계획하고 실천하는 등의 노력을 기울여왔다.

자전거를 타고 도로를 이용하는 것은 어떻게 가능해졌을까?

유럽의 도시들은 유럽연합의 탄소 발생 감축 목표 달성을 위해 자전거 교통을 적극 활용하고 있다. 유럽의 대도시 중 친환경 대중교통 도시로 유명한 곳은 덴마크 코펜하겐, 네덜란드 암스테르담, 노르웨이 오슬로, 스위스 취리히, 오스트리아 빈 등이다. 이들은 모두 대중교통이 잘 발달되어 있어서 대기 질이 좋으며 자전거 이용자 수가 많고 보행자 안전도가 높은 도시들이다.

코펜하겐의 경우 매일 약 15만 명이 자전거를 이용하여 통근, 통학하고 있으며 이는 도시 전체 교통량의 36%를 점유하는 수치다. 코펜하겐 도시권 인구는 2025년 기준 약 139만 명이다. 자전거 이용률을 높이기 위해 코펜하겐에서는 보행자나 차량과 분리된 자전거 도로 네트워크, 자전거가 자동차보다 교차로 신호에 우선하는 자전거 전용 신호

등, 자동차와 도로 공간을 공유하면서 별도 색상으로 구분된 자전거 도로 등의 기반 시설을 갖추고 있다. 자전거는 교통수단을 이용하는 데 드는 비용이 낮아 사회적 형평성에 기여하기도 한다.

생각 넓히기

자전거 이용자의 편의를 위해 코펜하겐 시내 교차로에 설치된 신호 대기 발판

우리나라의 경우 전체 온실가스 배출량의 약 13.7%(2018년 기준 9,810만 톤 CO2eq)가 수송 부문에서 배출되고 있으며 이는 네 번째로 많은 비중을 차지하는 것이다. 수송 부문의 자동차, 선박, 항공기 등은 대부분 화석 연료를 사용하며 재생 에너지의 사용 비중이 매우 낮은 특성이 있다. 도시에서는 건물의 냉난방, 산업, 수송, 폐기물 등 다양한 배출원에서 많은 양의 온실가스가 배출된다. 특히 대도시의 교통수단은 도로를 이용하는 자동차가 주를 이루고 있어 전기차나 수소차의 이용이 증가하고 있음에도 온실가스 배출량은 유의미하게 감소하지 않고 있다.

자가용 이용보다 버스나 지하철 등 대중교통의 이용이 1인당 탄소 배출량이 적어 친환경적이지만 단거리 이동의 경우는 탄소를 전혀 배출하지 않는 자전거가 더 좋은 선택이다. 또한 자전거는 소음을 발생시키지 않으며 자동차에 비해 주차 공간도 매우 적게 차지한다. 개인 수준에서는 자전거를 이용하는 데 드는 비용이 기타 운송수단을 이용하는 것에 비해 월등히 적다. 결국 자전거는 개인적, 사회적 비용 절감에도 도움이 된다. 하지만 자전거 이용은 날씨의 영향을 많이 받고 혼잡한 대도시에서는 사고의 위험이 있기 때문에 자전거 교통을 원활하게 하기 위한 기술적, 제도적 보완이 필요하다.

깊이 들여다보기

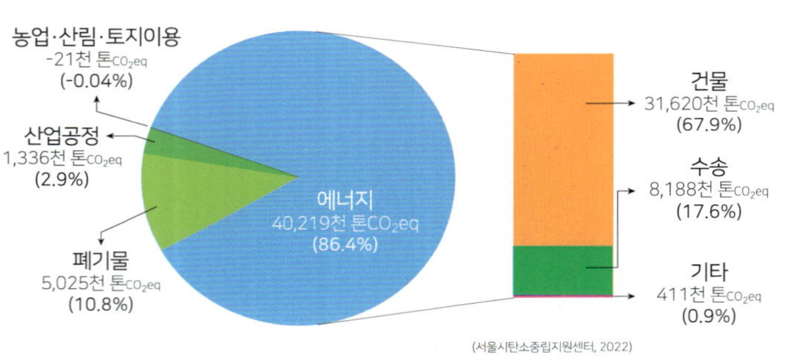

서울시 부문별 온실가스 배출량

'지속가능한 발전'은 미래 세대가 그들의 필요를 충족시킬 기회를 저해하지 않으면서 현재의 필요를 충족시키는 것으로 경제 성장, 사회적 포용, 환경 보호라는 세 가지 요소를 균형 있게 유지하는 것을 의미한다. 인류의 지속가능한 발전을 위해 유엔에서는 2015년에 '2030 지속가능한 발전 의제'를 채택하고 '지속가능발전목표'를 설정했다. 지속가능발전목표는 인류의 보편적 사회 문제(빈곤, 질병, 교육, 여성, 아동, 난민, 분쟁 등), 지구 환경 및 기후변화 문제(기후변화, 에너지, 환경오염, 물, 생물 다양성 등), 경제 문제(기술, 주거, 노사, 고용, 생산과 소비, 사회 구조, 법, 인프라 구축, 대내외 경제)를 2030년까지 17가지 주요 목표와 169개 세부 목표로 설정하여 이행하고자 하는 국제사회 최대의 공동 목표다.

교통수단의 발달이 세계에 미친 영향

교통·통신 및 과학 기술의 발달에 따른 변화

해외 여행과 해외 직구가 흔한 요즘이다. 누구나 한 번쯤 이용해 본 항공 교통은 어떻게 발달해 왔을까? 그리고 비행기를 비롯한 다양한 교통수단의 발달은 우리 생활에 어떤 영향을 미치고 있을까?

교통수단은 사람이나 물자의 장소적 이동을 가능하게 하는 도구다. 기원전 3,500년경 메소포타미아 지역에

축소되는 세계

교통수단의 발달은 '시공간 압축 현상'을 가져왔다. 이는 교통과 통신 기술의 발달에 따라 사람들의 생활 공간은 넓어지고 이동 시간은 단축되었음을 의미한다.

서는 도자기 물레용으로 발명된 바퀴를 이용해 수레를 만들면서 사람과 물자를 나르는 데 획기적인 편리를 제공했다. 최초의 바퀴는 나무를 둥글게 깎아 만든 것이었는데 이후 살이 있는 바퀴(스포크), 철제, 베어링 등을 사용한 바퀴로 발전했다. 한편 바퀴를 사용하는 교통수단은 수레, 마차 등의 형태로 수천 년간 유지되었다. 그러다 18~19세기에 증기 기관의 등장으로 시작된 철도는 육상 교통에 혁명을 가져왔고, 19세기 말~20세기 초 내연 기관 발명으로 등장한 자동차가 합세하면서 사람과 물자의 이동에 혁신을 이끌었다.

이뿐만이 아니다. 바람과 인력에 의존해야 했던 선박은 현재 수십만 톤의 화물을 싣고 넓은 바다를 빠른 속도로 누비고 있으며, 1804년 시속 8킬로미터에 불과했던 열차는 현재 시속 300~400킬로미터로 대륙 구석구석을 달리고 있다. 키티호크에서 12초 동안 36미터를 비행한 라이트 형제의 비행기는 이제 제트 엔진과 대형화된 기체를 가지고 사람과 화물을 단시간에 전 세계로 이동시키고 있다. 인류의 오랜 꿈이었던 항공 운송은 기술의 발달로 전 세계를 하나의 생활권으로 묶는 데 크게 기여하고 있다.

생각 넓히기

교통수단의 발달은 사람과 물자의 이동 시간을 단축하고 이동 거리를 크게 확대했다. 이는 교통수단을 이용하는 데 필요한 비용을 낮추어 사람들의 생활 공간은 물론이고 공간에 대한 인식 범위도 확장했다.

소량의 화물을 싣고 대양을 넘어 국가 간 교류를 하던 선박 운송은 1956년 컨테이너 선박이 발명되면서 획기적인 전환점을 맞았다. 이전까지 선박을 통한 화물 운송은 제각각의 규격으로 포장된 화물을 일일이 싣고 내리는 방법으로 시간과 비용이 많이 소모되었다. 미국의 운송업자였던 말콤 맥린이 규격화된 컨테이너를 트럭으로 운반하고 이 컨테이너를 바로 선박에 실어 운송하는 방법을 고안하면서 운송 비용이 절감되고 국가 간 교류가 엄청나게 증가했다. 해상 운송뿐 아니라 항공 운송에서도 1960년대부터 규격화된 컨테이너를 사용하면서 다양한 화물을 단시간에

물류 허브

선박과 항공으로 화물을 운송하는 방법에는 크게 두 가지가 있다. 첫 번째는 출발지에서 바로 목적지로 운송하는 포인트 투 포인트(point to point) 운송이다. 이 경우는 많은 양의 일정한 운송 수요가 있으면 유리한 방법이다. 다른 방법은 허브 앤 스포크(hub and spoke) 시스템으로 출발지에서 목적지 인근의 허브 공항이나 항구로 화물을 보낸 후 허브에서 목적지로 실어 보내는 방법이다. 우리나라의 인천 공항과 부산항을 '동북아시아의 물류 허브'라고 하는 것은 바로 이 허브 앤 스포크 운송 시스템에서의 허브를 말하는 것이다.

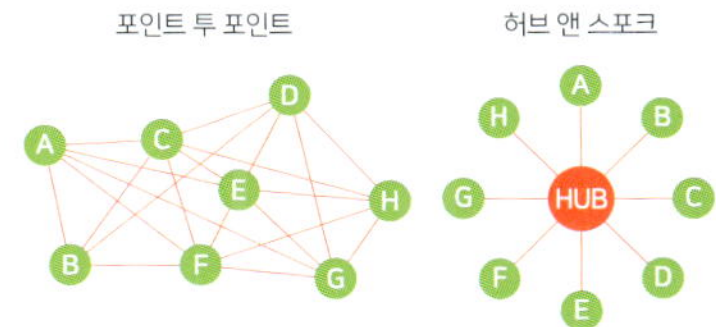

전 세계로 운송할 수 있게 되었다. 교통수단과 운송 방법의 혁신은 전 세계의 지역 간 교류를 광범위하게 촉진해 오늘과 같은 글로벌 무역 환경을 형성하는 데 큰 영향을 미쳤다.

깊이 들여다보기

어떤 교통수단이 유리할까?

일반적으로 자동차를 이용한 운송은 고정 비용인 종착지 비용이 저렴하고 운송 거리에 따른 운반거리 비용이 비싸다. 반면 선박은 대규모 항만 시설과 대형 선박 등을 이용해야 하므로 종착지 비용이 비싸고 운반거리 비용은 저렴하다. 따라서 종착지 비용과 운반거리 비용을 운송한 거리로 나누어 보면 짧은 거리의 이동에는 자동차가 유리하고 장거리 운송일수록 선박이 유리하다는 것을 알 수 있다.

교통수단을 이용하면 비용이 발생한다. 교통수단을 이용하는 데 드는 비용을 운송비라고 하는데 운송비는 운송수단의 특징에 따라 다른 성격을 나타낸다. 화물을 운송하는 경우 기본적으로 무게와 거리에 따라 비용이 증가하는 구조를 갖는다.

이 비용이 형성되는 구조를 살펴보면 물건을 싣고 내리는 비용, 교통수단과 교통로를 관리하고 정비하는 비용, 수수료, 시설 사용료 등은 종착지 비용으로 이는 운송 거리에 관계없이 일정한 값을 가지므로 고정비용이 된다. 그리고 운송하는 거리에 따라 일정하게 증가하는 연료비, 운영비 등의 가변비용이 발생하는데 이는 운반거리 비용이다. 이처럼 운송비는 고정비용(종착지 비용)과 가변비용(운반거리 비용)으로 구성되므로 대량으로 운송할수록 한 단위당 비용은 감소하게 된다.

AI 시대의 시작

상상의 세계에만 존재하던 AI 시대가 시작되었다. 컴퓨터를 기반으로 하는 생산 방식의 혁신을 의미하는 '4차 산업 혁명'이라는 용어가 등장한 이후에도 대중들은 이를 체감하지 못했다. 하지만 최근 대화형 인공지능이 본격적으로 활용되면서 4차 산업 혁명은 일상생활에 깊이 파고들었다. 4차 산업 혁명은 빅 데이터, 인공지능, 로봇공학, 사물인터넷, 무인 운송

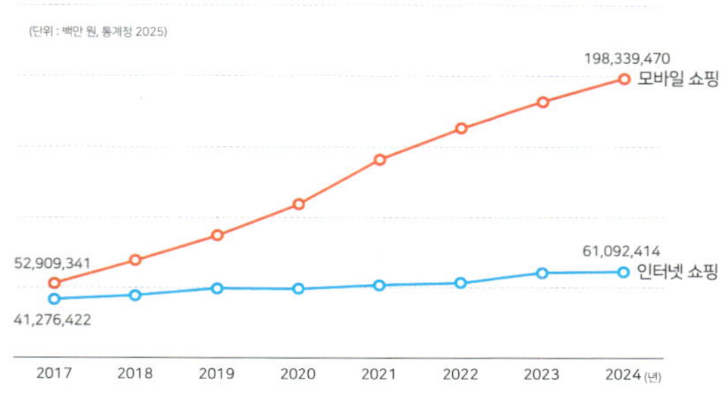

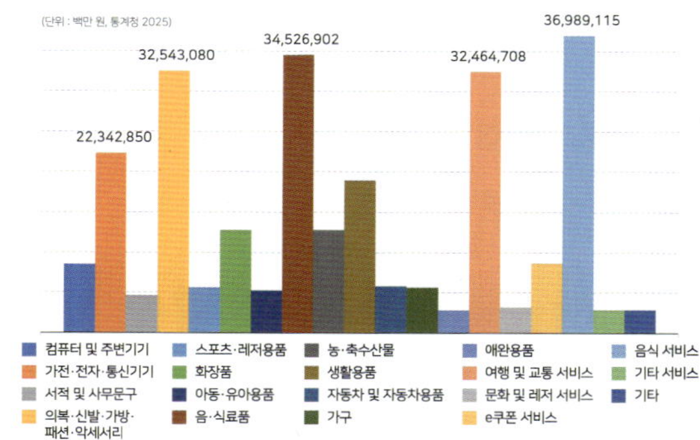

온라인 쇼핑의 변화

전체 상거래에서 중요한 비중을 차지해 온 온라인 쇼핑은 정보통신 기술의 발달에 따라 형태를 달리하여 발전하고 있다. 기존에 비슷한 비중을 차지하던 인터넷 쇼핑과 모바일 쇼핑은 최근 급격한 격차를 나타내며 모바일 쇼핑이 압도적으로 증가했다. 품목별로 보면 2024년 기준으로 가장 많은 매출을 보인 것은 음식 서비스였다. 그 뒤를 이어 음·식료품, 의류 및 패션 제품, 여행 및 교통 서비스 순으로 많은 거래량을 기록했다.

수단(무인 항공기, 무인 자동차), 3D 프린팅, 나노 기술 등의 분야에서 일어나는 기술 혁신을 의미하며 상호 연결, 탈중앙화 및 분권화, 공유와 개방을 통한 맞춤형 지능화 세계를 지향한다.

산업 분야에서 진행되던 정보통신 기술의 발달과 혁신은 2018년 구글이 발표한 트랜스포머 모델로 획기적인 전환점을 맞이했다. 이후 이를 바탕으로 등장한 대규모 언어 모델이 대화형 인공지능에 사용되면서 일상생활에 빠르게 자리 잡았다. 대표적인 대화형 인공지능인 ChatGPT의 경우 2022년 11월 30일 출시 후 단 5일 만에 100만 명의 사용자를 확보했으며 2023년 1월에 1억 명, 2024년 2억 명, 2025년 초에는 4억 명의 사용자를 보유하게 되었다. 새로운 기술이 시장에 도입되고 대중화되기까지는 일반적으로 많은 시간이 필요하다. 하지만 대화형 인공지능의 경우 매우 짧은 시간에 대중화되면서 실질적인 생활의 도구로 자리 잡았다. 인공지능은 개인화된 대화, 실시간 학습 능력, 추론 능력 향상 등을 목표로 발전할 것이 예상되며, 질문에 대해 응답하는 단순한 도구의 의미를 넘어 다양한 영역에서 창작, 분석, 문제 해결 등을 통해 인간의 파트너 역할을 담당하는 방향으로 발전할 것이다.

 ## 생각 넓히기

전 세계를 하나로 묶는 정보통신 기술, 즉 인터넷의 발달은 사회 각 분야와 생활 공간에 큰 영향을 끼쳤다. 이전까지는 일정한 공간에서 사람과 사람이 대면하는 것을 기반으로 사회 활동이 이루어졌다면 정보통신 기술의 발달은 비대면으로도 충분히 사회 활동이 가능하게 만들었다. 상업의 경우도 현실에 존재하는 매장에 물건을 진열하고 이곳을 방문한 소비자가 대면으로 구매하고 결제하던 구조에서 인터넷을 매개로 대면하지 않아도 물건을 구매할 수 있는 구조로 바뀐 것이다. 정보통신 기술의 발달에 의한 비대면 거래의 증가는 소비자의 입장에서는 구매 행위의 시간적, 공간적 제약이 없어져 편리하다는 장점이, 판매자의 입장에서는 매장을 설치하고 유지하는 비용을 절감하고 물건을 판매하는 시장 범위가 확대되는 장점이 있다.

　매장을 유지하고 운영하는 데 필요한 기본적인 수요를 '최소요구치'라 하고 상점이 최대한으로 재화를 판매할 수 있는 공간 범위는 '재화의 도달 범위'라 한다. 전통적인 관점에서는 매장을 중심으로 분포하는 소비자의 밀도(구매력)에 의해 최소요구치가 정해진다. 소비자의

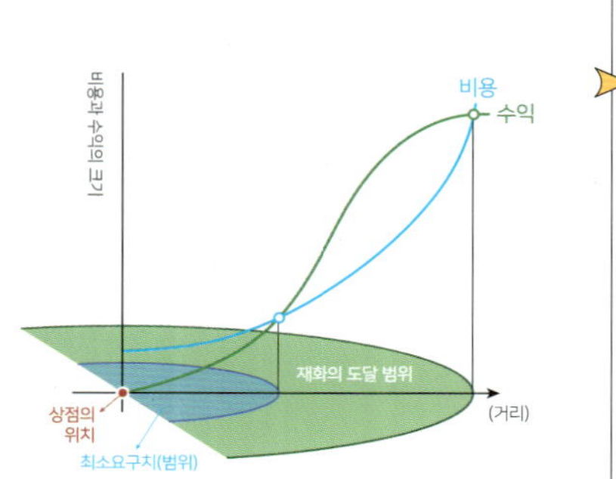

최소요구치와 재화의 도달 범위의 관계로 본 상점의 상권

완전한 평면에 소비자가 균일한 밀도로 분포한다고 가정하면 상점의 위치로부터 상점이 유지되기 위해 필요한 일정한 범위가 최소요구치가 되고 상점이 최대한 판매할 수 있는 범위가 재화의 도달 범위가 된다. 정보통신 기술의 발달로 등장한 온라인 판매는 재화의 도달 범위를 현실 공간을 뛰어넘도록 확대해 준다.

밀도가 높으면 더 작은 범위에서 최소요구치가 충족되는 것이다. 그러나 정보통신 기술의 발달은 현실 공간과 무관하게 최소요구치를 충족시킬 수 있도록 했으며, 정보통신 기술과 결합한 교통과 물류의 발달은 재화의 도달 범위가 갖는 제약을 없애주었다.

 **깊이 들여다보기**

정보통신 기술이 발달함에 따라 소셜네트워크, 동영상 공유 플랫폼, OTT 서비스 등의 뉴 미디어가 등장하여 대중화되었다. 뉴 미디어들은 콘텐츠의 생산자와 소비자의 구분이 모호하고 빠른 파급과 쌍방향 소통을 특징으로 한다. 이러한 정보 전달의 즉시성과 쌍방향 소통은 정치 참여 방식에도 영향을 미쳤다. 전통적인 대의 민주주의 제도에서는 시간과 공간의 제약이 있을 수밖에 없는데 정보통신 기술의 발달로 보다 많은 시민이 정치 과정에 참여할 수 있게 되면서 세계 각 나라에서 다양한 형태로 전자 민주주의가 발달하게 되었다.

정보화 사회의 그늘, 디지털 격차와 소외

교통·통신 및 과학 기술의 발달에 따른 변화

'키오스크'는 길거리에서 신문, 잡지, 담배 같은 저렴한 소모품을 판매하는 한쪽 창문이 열린 작은 점포를 뜻하는 말이었다. 그러나 오늘날에는 정보 통신 기술이 발달하면서 대중들이 쉽게 이용할 수 있도록 공공장소에 설치된 무인 단말기를 의미하는 말이 되었다. 1970년대에 개발된 키오스크의 개념은 1980년대 은행의 현금자동

입출금기에 본격적으로 사용되면서 대중화되었다. 이후 기술 발달에 따라 주문, 결제 시스템뿐만 아니라 온라인 서비스와 연동되는 형태로 발전하면서 보다 다양한 용도로 확장되어 현재 병원, 공공기관, 전시장 등에서 사용되고 있다.

인력으로 제공되던 서비스를 무인화한 키오스크는 인건비 절감과 서비스의 시간 제약을 없애는 효과를 가져왔지만 동시에 모든 사람이 동일한 조건으로 서비스에 접근할 수 없는 문제점도 불러왔다. 시각장애인은 화면에 나타난 메뉴를 확인하는 것 자체가 어렵고 휠체어 사용자 등 신체의 움직임이 불편한 사람들은 키오스크 화면에 손이 닿지 않는 등의 불편함을 겪는다. 또한 고령자나 아동의 경우 복잡한 메뉴와 빠른 화면 전환, 터치스크린 사용 미숙 등으로 키오스크를 사용하기 어렵다. 디지털 문해력이 낮은 경우에는 화면의 의미를 이해하기 어려워 대면 서비스보다 더 많은 시간이 소요된다. 주문 및 결제용으로 사용되는 키오스크는 신용카드나 스마트폰 결제만을 허용하므로 현금 사용자는 이용이 불가능하며, QR코드 결제, 모바일 앱 결제 등은 디지털 소외 계층에게 커다란 장벽으로 느껴질 수밖에 없다.

 ## 생각 넓히기

'디지털 소외'는 디지털 기술이 발전하여 보편화된 사회에서 디지털 기기나 기술을 제대로 활용하지 못하는 사람들이 경제적, 사회적, 문화적으로 소외되는 현상을 말한다. 적극적으로 디지털 기술을 활용하는

집단에 비해 고령자, 장애인, 아동 등은 디지털 소외 계층이 될 가능성이 크기 때문에 우리나라에서는 장애인, 저소득층, 농어민, 고령층을 정보 취약 계층으로 분류하여 지원하고 있다.

한국지능정보사회진흥원에서 인터넷 상시 접속 가능 여부, 정보 기기 보유, 컴퓨터 및 모바일 기기 이용 능력, 인터넷 활용 및 이용 다양성, 심화 활용 정도 등을 지표로 디지털 정보화 수준을 진단하여 점수화한 결과를 보면 일반 국민의 수준을 100으로 했을 때 장애인은 83.5%, 고령층은 71.4%, 저소득층은 96.5%, 농어민은 80.0%의 점수를 획득한 것으로 나타났다. 이것은 소득이나 지역 간의 차이보다 연령 간 활용 능력의 차이가 큰 것을 보여주며 고령층일수록 새로운 기술이나 서비스를 이용하는 데 부담감을 느껴 기피하고 있음을 의미한다. 계층 간 디지털 정보 격차의 불평등은 경제적, 사회적 격차를 심화시키기 때문에 사회적 차원의 디지털 포용 정책이 폭넓게 시행되어야 할 것이다.

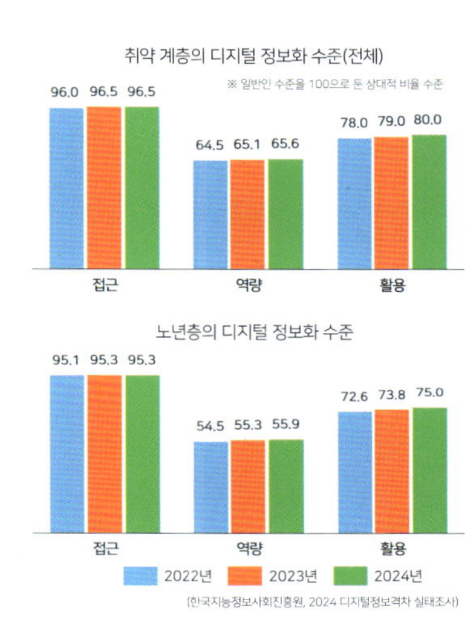

(한국지능정보사회진흥원, 2024 디지털정보격차 실태조사)

디지털 정보화 수준의 측정

디지털 정보화 수준을 측정할 때 등장하는 접근, 역량, 활용의 정확한 정의는 무엇일까? '접근'은 컴퓨터·모바일 기기의 보유 및 인터넷 사용 가능 여부, '역량'은 컴퓨터·모바일 기기의 기본 이용 능력, '활용'은 컴퓨터·모바일 기기·인터넷의 양적, 질적 활용 정도를 측정하는 지표다. 우리나라의 노년층의 경우 접근과 활용의 지표는 높은 편이나 역량의 지표는 낮은 수준이다.

디지털 정보 격차는 사회적 격차로 확대될 수 있다. 인간관계에서 필요한 소통이 디지털화된 현대 사회에서는 디지털 취약 계층일수록 사회적 소통이 단절될 가능성이 높고, 정보를 취득하고 가공할 수 있

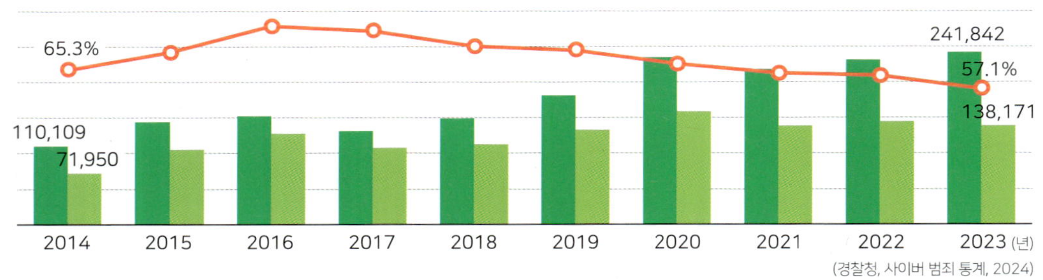

우리나라의 사이버 범죄

사이버 범죄의 발생 건수가 지속적으로 크게 증가하고 있다. 그러나 사이버 범죄의 특성상 일반 범죄에 비해 검거율은 매우 낮은 편이다. 사이버 범죄는 크게 세 가지로 구분된다. 정보통신망 침해 범죄에는 해킹, DDoS, 악성 프로그램, 기타 침해 범죄가 있고, 정보통신망 이용 범죄로는 사이버 사기, 사이버 금융범죄, 개인정보 침해, 저작권 침해, 스팸 등이 있다. 그리고 불법 콘텐츠 범죄는 성폭력, 도박, 명예훼손, 모욕 등이 포함된다.

는 역량 부족은 정보화 사회에서 부가가치를 창출하는 데 걸림돌이 된다. 이러한 기회의 불평등은 빈부격차와 양극화의 심화라는 결과로 이어질 수밖에 없다.

깊이 들여다보기

디지털 환경이 보편화됨에 따라 각종 사이버 범죄도 증가하는 추세다. 사이버 범죄는 정보통신망 침해 범죄, 정보통신망 이용 범죄, 불법 콘텐츠 범죄 등으로 구분되는데 이중 사이버 사기가 가장 높은 비중을 차지한다. 최근에는 AI 기술의 확산으로 딥페이크 범죄나 블록체인 관련 범죄 등 새로운 형태의 범죄가 증가하고 있다. 따라서 디지털 리터러시와 윤리 교육의 필요성도 급증하고 있다.

교통 발달이 가져온 감염병의 전 세계적 확산

교통·통신 및 과학 기술의 발달에 따른 변화

코로나19는 2019년 11월 중국에서 최초 보고된 후 3개월여 만에 전 세계 모든 국가로 전파되었다. 2020년 1월 31일 세계보건기구는 국제적 공중 보건 비상사태를 선포하면서 위험도를 '매우 높음'으로 격상했다. 그리고 3월에는 코로나19의 전 세계적인 유행, 즉 팬데믹을 선언했다. 코로나19는 2020년 9월 말까지 100만 명의 사

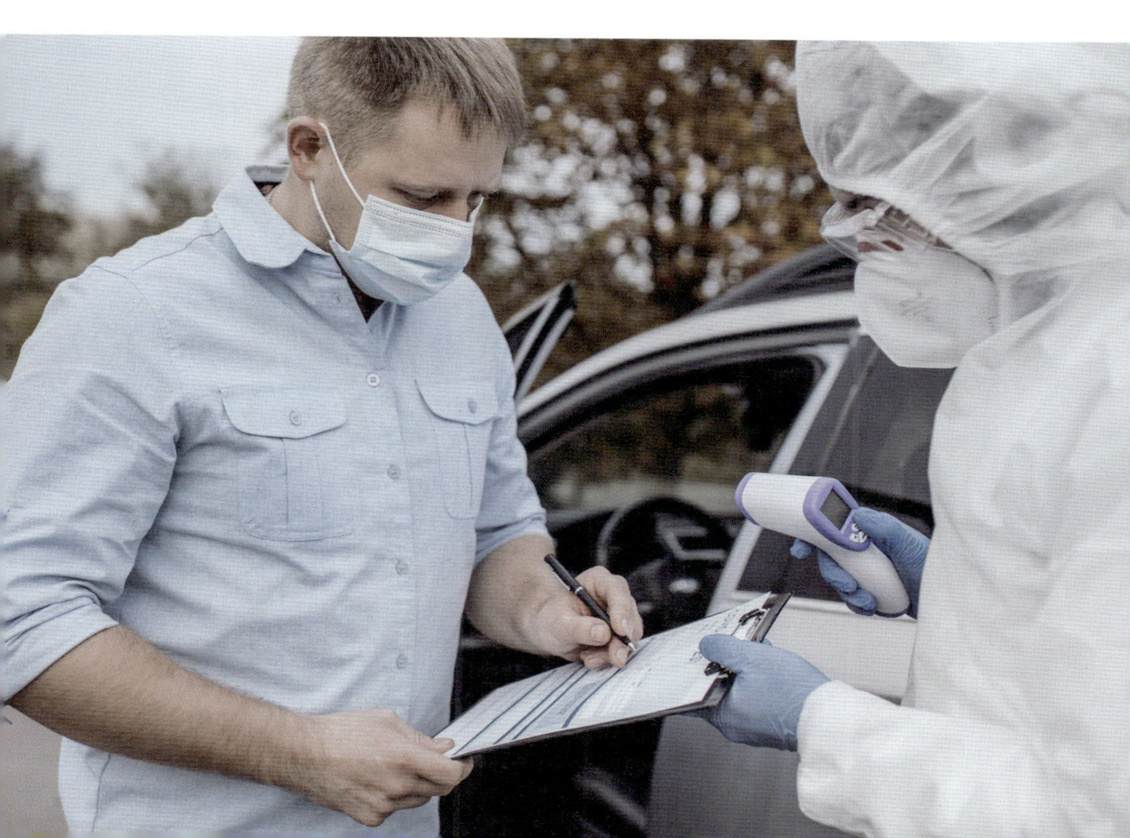

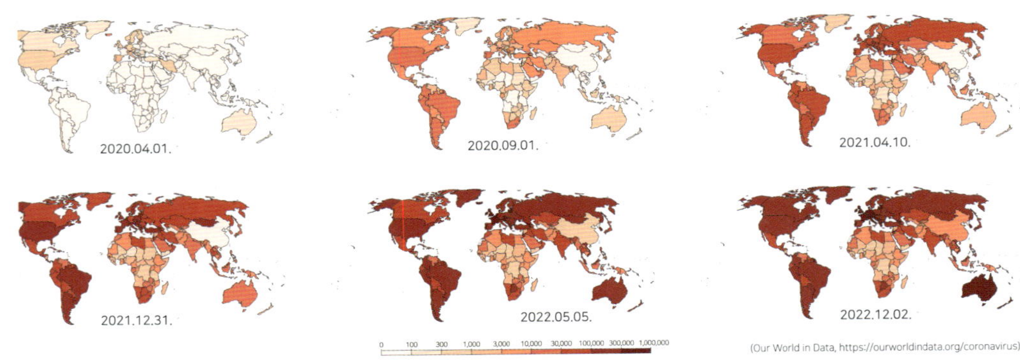

(Our World in Data, https://ourworldindata.org/coronavirus)

코로나19 확진자 수의 증가

지도는 백만 명당 확진자 수의 증가를 나타낸 것이다. 각 지역의 확진자 수는 빠르게 증가하여 2020년 4월에 약 10명, 2021년 4월에 1만 6,000명, 2022년 4월에 6만 명을 넘어섰다. 그리고 2022년 말에는 8만 명에 달했다. 중국은 초기에 데이터를 공개하지 않아 실제와 색깔이 다르다. (출처 : Our World in Data, https://ourworldindata.org/coronavirus)

망자를 기록했다. 그리고 2022년 3월에는 누적 4억 6,000만 명 이상의 확진자와 608만 명 이상의 사망자, 2023년 3월에는 6억 7,000만 명 이상의 확진자와 688만 명 이상의 사망자를 기록했다.

코로나19는 최초 발병지인 중국 후베이성 우한 지역으로부터 방사형의 형태로 확산했다. 후베이성의 성도인 우한은 중국 중남부에서 인구가 가장 많은 도시이고, 많은 철로, 도로, 고속도로가 연결된 창장강의 물류 중심지이며 중국 국내선 항공의 허브 공항인 톈허 국제공항이 위치한 곳이다.

우한이 중국 수십 개 도시와 직접 연결되는 교통로를 갖고 있었기 때문에 감염자들은 중국 전역으로 빠르게 확산되었다. 이후 국제간 항공 교통과 선박 등을 통해 주변 아시아 국가들로 전파되었고, 곧이어 유럽과 전 세계 각국으로 확산했다. 코로나19가 아시아 지역에서 서남아시아, 유럽, 아메리카의 순서로 시차를 두고 확산한 패턴을 보면 현대의 교통 발달이 감염병을 매우 빠른 속도로 확산시키는 역할을 한 것임을 알 수 있다. 바이러스가 좁은 공간에 밀집하여 이동하는 교통수단 내에서 전파되었기 때문에 항공 교통은 감염병을 불과 몇 시간 만에 다른 대륙의 국가로 이동시키는 역할을 했다.

 **생각 넓히기**

코로나19와 같은 전 세계적인 감염병 확산에는 교통수단의 발달이 매우 큰 역할을 했다. 이는 초기 확산의 패턴이 발병 지역을 여행한 해외 여행자 중 감염자가 해당 도시로 유입되고 이후 지역사회 전파로 확산했기 때문이다. 과거 감염병이 발병한 시기에도 사람들의 지역 간 이동은 일어났다. 다만 현대에는 항공 교통을 이용하면 잠복 기간 내에 대륙 간 이동이 가능하기 때문에 국가와 대륙 간 전파가 짧은 기간에 이루어지는 것이다.

교통수단의 발달은 지역 간 발전 격차에도 영향을 미친다. 교통수단의 규모와 속도가 개선되면 교통수단으로 연결된 두 지역 간에는 양방향으로 이동이 이뤄질 것으로 생각된다. 하지만 실제로는 발전 수준이 높은, 즉 경제력이 높은 지역으로 서비스의 수요가 몰리면서 지역 간 격차는 줄어들지 않는다. 교통수단의 발달로 오랜 이동 시간과 먼거리로 인해 통근이 불가능하던 상위 도시로의 통근이 가능해지면 서비스의 수요자는 거주지보다는 상위 도시에서 소비하려는 경향을 갖

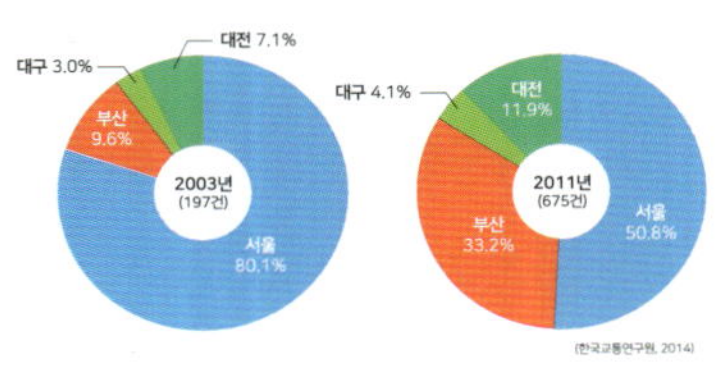

KTX 개통 전후 지역별 국제회의 개최 건수

KTX의 개통이 가져온 변화

2004년 KTX의 개통은 인구와 서비스의 중앙 집중을 우려하는 목소리로 이어졌다. 의료 서비스는 서울을 선호하는 경향이 크기 때문인지 실제로 서울 집중 현상이 강화되었다. 그러나 이동 시간의 단축으로 지방에 관광객이 증가한 긍정적 측면도 있었다. 또한 서울에 집중되어 있던 컨벤션 산업은 KTX 역이 있는 지방 도시로 분산되어 서울 개최율이 다소 낮아지기도 했다. 이를 볼 때 교통수단의 발달이 무조건 지방의 수요를 중앙으로 빨아들인다고는 단정하기는 어려울 것이다.

는다. 그 결과 경제력이 낮은 지역의 수요는 축소되고 그곳의 상점과 서비스업은 쇠퇴하게 되는 반면에 경제력이 높은 지역에는 의료, 교육, 문화 서비스 등이 더욱 집중되고 활성화된다.

 **깊이 들여다보기**

코로나19 팬데믹은 전 세계의 디지털 전환 속도를 빠르게 만들었다. 팬데믹 이전이라면 수년에 걸쳐 천천히 진행되었을 디지털 전환이 팬데믹 시기 비대면을 통한 사회 활동을 지원하기 위해 빠른 속도로 진행된 것이다. 원격 근무나 재택근무가 일상화되면서 온라인 협업 플랫폼의 사용자가 폭발적으로 증가했으며 기업은 발빠르게 클라우드 기반 업무 환경으로 전환했다. 학교 역시 온라인 수업을 위해 에듀테크 관련 기술이 급격히 도입되었고 다양한 방법으로 교육 활동이 전환되고 활성화되었다. 의료 분야에서는 화상 진료, 디지털 건강 모니터링 등 의료 접근성을 높이기 위한 방법이 도입되었다. 그리고 전 세계적으로 온라인 쇼핑과 디지털 결제 시스템이 보편적으로 자리 잡았다.

지역의 특성과 변화를 파악하는 지역 조사

기술 발달은 지역의 변화를 다양한 방법으로 조사하고 기록할 수 있게 만들었다. 풍선을 활용하여 멀리 떨어진 지역의 정보를 수집하는 원격 탐사는 이미 19세기 후반부터 시도되었다. 이후 20세기에 들어서면서 항공기를 이용한 사진 촬영 기술은 지도 제작과 군사적 목적을 위해 빠르게 발전했다. 이후 인공위성을 이용한 촬영

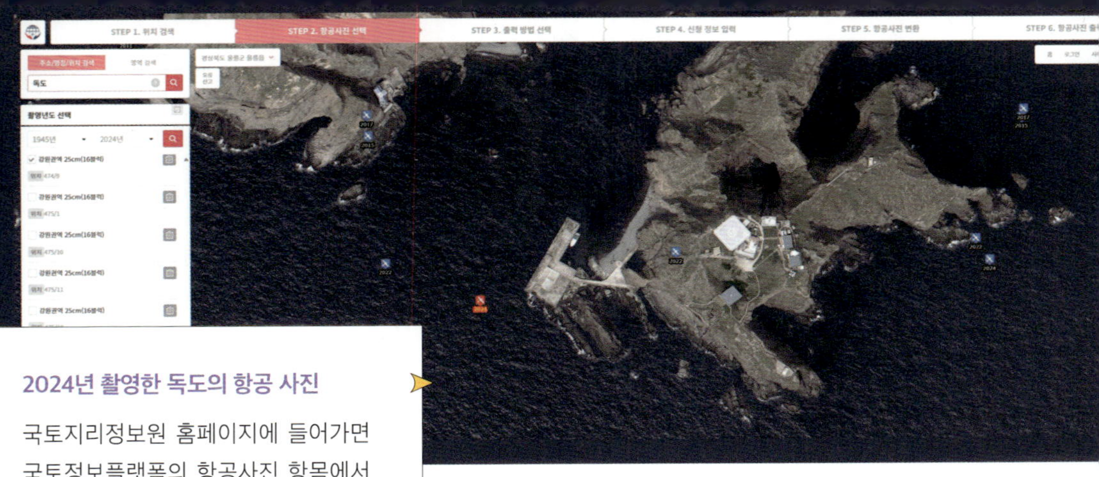

2024년 촬영한 독도의 항공 사진

국토지리정보원 홈페이지에 들어가면 국토정보플랫폼의 항공사진 항목에서 1945년 이후부터 현재까지 우리나라 전역의 시기별 항공 사진을 다운로드할 수 있다.

이 보편화되면서 우리는 지구 반대편 지역의 모습까지도 손쉽게 찾아볼 수 있게 되었다. 항공 사진이나 위성 사진은 대부분 넓은 범위를 기록하므로 지표면에 한정된 우리의 시각보다 많은 정보를 제공한다. 항공 사진 촬영에는 비용이 비교적 많이 들고 촬영되는 면적도 비교적 좁지만 위성 사진에 비해 해상도가 높아 현재까지는 지표면의 자세한 정보를 선명하게 얻는 데 더 효과적이다. 또한 각도를 다르게 반복적으로 촬영하면 입체 사진을 만들 수도 있어서 도시 계획, 지형의 정밀 측량 등에 활용된다.

최근에는 드론 기술의 발달 덕분에 보다 낮은 고도에서 사진을 촬영할 수 있게 되었다. 이렇게 얻은 드론 사진은 항공 사진보다 해상도가 높기 때문에 지적 관리, 재해 현장의 피해 조사, 문화재 조사 등에 활용되고 있다. 우리나라에서는 1945년 이후부터 미군에 의해 항공 사진이 촬영되기 시작했고 1960년대부터는 자체적으로 기술을 획득하여 항공 사진을 촬영하고 있다. 국토 대부분 지역을 촬영한 25센티미터의 해상도(이는 가로세로 25센티미터 크기의 물체를 식별할 수 있다는 의미다)의 사진은 국토지리정보원 국토정보플랫폼을 통해 제공된다.

 **생각 넓히기**

지역의 변화와 문제점을 파악하고 지역의 특성을 알아내기 위한 조사 활동을 지역 조사라고 한다. 지역 조사는 ① 계획 수립 ② 정보의 수집 ③ 분석 및 종합 ④ 보고서 작성의 단계로 이뤄진다.

첫 번째 계획 수립 단계에서는 조사하고자 하는 목적을 명확히 하고 이에 부합하는 주제를 선정한다. 그리고 목적과 주제를 달성할 수 있는 조사 대상 지역을 찾아 선정한다. 대상 지역이 선정되었으면 조사할 항목과 방법을 정한다. 두 번째 정보 수집 단계는 크게 실내 조사와 야외 조사로 나뉜다. 실내 조사에서는 지도, 도서, 사진, 통계 등의 자료를 찾고 야외 조사를 준비한다. 야외 조사에서는 설문, 관찰, 기록, 면담, 측량 등의 방법으로 정보를 수집하고 실내 조사에서 수집한 자료를 검증한다. 야외 조사에서 부족한 부분이 있다면 다시 실내 조사와 야외 조사를 반복하면서 정보를 수집한다. 세 번째 분석 및 종합 단계에서는 실내 조사와 야외 조사에서 수집한 정보들을 분류하고 체계화한다. 수집한 정보를 그래프, 지도, 도표 등으로 시각화하고 이를 바탕으로 정보를 분석하고 정리한다. 마지막인 보고서 작성 단계에서는 수집하고 정리한 자료를 바탕으로 지역의 특성을 파악한 보고서를 작성하고 결론을 서술한다.

넓은 범위를 간략하게 보여주는 소축척
지도

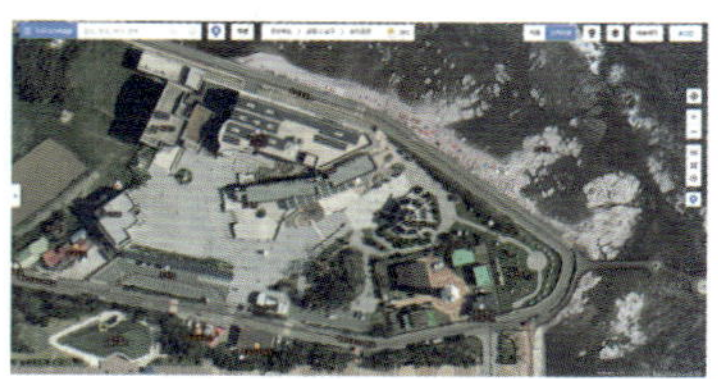

좁은 범위를 자세하게 보여주는 대축척
지도

깊이 들여다보기

축척은 지도상 거리와 실제 거리의 비로 대개 미터법으로 표현된다. 예를 들어 축척이 1:50,000인 지도에서는 지도의 1센티미터가 실제 거리 50,000센티미터를 나타내는 것이다. 지도는 축척에 따라 대축척 지도와 소축척 지도로 나뉜다. 대축척 지도는 줄인 비율이 작아 좁은 지역을 자세하게 나타낸 지도이고 소축척 지도는 줄인 비율이 커 넓은 지역을 간략하게 나타낸 지도다. 종이(화면)의 크기가 같다면 소축척 지도가 대축척의 지도에 비해 더 넓은 범위를 보여주고 있으므로 조사하고자 하는 용도에 맞는 축척의 지도를 선택해야 한다.

대도시의 쓰레기는 어떻게 처리해야 할까?

대도시에서 발생하는 많은 문제 중에서 쓰레기 처리는 가장 어렵고 복잡하다. 많은 사람이 좁은 도시 안에서 상업 시설이나 아파트에 밀집하여 거주하고 있기 때문이다. 도시에서는 단위 면적당 발생하는 쓰레기 양이 많을 뿐만 아니라 쓰레기를 처리할 수 있는 공간을 마련하기도 쉽지 않다. 또한 생활 쓰레기, 음식물 쓰레기를

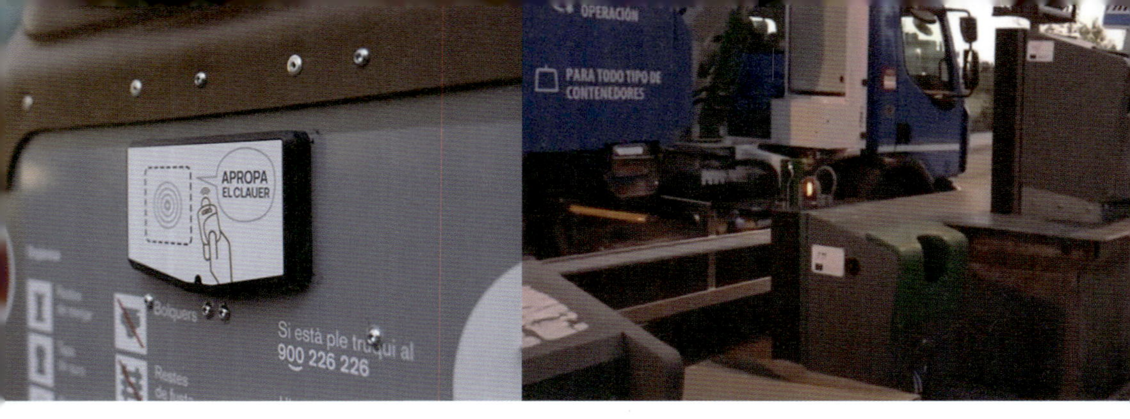

스페인 바르셀로나의 쓰레기 수거 시스템

스페인에서는 색깔로 구분된 쓰레기통에 종류별로 쓰레기를 버린다. 노란색에는 플라스틱류, 캔, 음료수 팩, 금속성 포장재 등을, 파란색에는 종이류를, 초록색에는 유리를, 회색/검은색에는 일반 쓰레기 및 재활용 불가능한 쓰레기류를, 갈색에는 음식물 쓰레기 및 유기성 폐기물을 버린다. 지역에 따라 다르지만 대도시에서는 도로변 쓰레기통 아래로 큰 저장고가 묻혀 있어 많은 양의 쓰레기를 모을 수 있다. 이렇게 저장된 쓰레기는 기계화된 시스템으로 수거한다.

비롯하여 각종 폐기물이 수시로 발생하므로 주민들이 환경 규제에 맞게 모든 쓰레기를 올바르게 분류하여 배출하는 일은 물론이고 이를 지자체에서 수거하여 처리하는 일도 간단한 문제가 아니다. 도시의 인구 규모가 커질수록 쓰레기의 양도 많아지기 마련인데 이에 맞춰 수거한 쓰레기를 소각하거나 매립하는 공간을 지속적으로 확장하기란 어려운 일이다. 게다가 쓰레기 관련 시설은 기피 시설이어서 주민 반대로 설치 자체가 힘든 것이 현실이다.

환경 문제와도 연결되는 도시 쓰레기 처리 문제의 해결을 위해 세계 각국에서는 다양한 방법을 고안하여 적용하고 있다. 스페인 바르셀로나에서는 '쓰레기 무배출' 정책과 '순환 경제'를 통합하여 도시의 생활 쓰레기를 최소화하고 제품의 수명주기를 연장하여 순환시키려는 정책을 시행하고 있다. 이 정책의 일환으로 옷 재활용, 장난감 재활용을 장려하고 컴퓨터, 휴대전화, 태블릿 등의 재사용을 위해 수리에 필요한 지식을 제공하기도 한다. 또한 소형 가전제품을 수리하여 활용하는 워크숍을 열기도 한다. 이러한 정책은 쓰레기 배출을 최소화하는 소비문화를 장려하고, 폐기물의 수리 및 재사용 강화를 통해 낭비를 줄일 수 있게 한다.

생각 넓히기

도시에서는 주민 생활에 불편이나 갈등을 불러일으키는 다양한 지역 문제가 발생한다. 대도시의 경우 인구 밀집으로 인한 주거 환경의 악화와 젠트리피케이션으로 기존 주민이 내몰리고 지역의 특성이 사라지는 현상이 대표적이다. 또 직장과 주거지가 멀리 떨어져 있는 통근 인구가 증가함으로써 발생하는 교통 혼잡, 교통 비용 증가, 환경오염 등 사회적 비용을 높이는 원인이다. 인구와 산업의 집중으로 인해 발생하는 환경 문제도 대도시의 주요한 지역 문제다. 여기에는 미세 먼지와 자동차 배기가스 등의 대기 오염 문제와 하수 처리 문제, 소음, 생활 폐기물의 처리 과정에서 발생하는 오염 등이 포함된다.

또한 대도시에서는 1인 가구가 증가하고 아파트 등의 공동 주거 형태가 보편화되면서 공동체 결속력 약화라는 지역 문제도 발생한다. 지방 소도시와 농어촌 지역에서는 고령화와 인구 감소가 당면한 가장 큰 문제다. 지역의 인구가 대도시로 유출되어 인구가 감소하면 이는 다시 정주 환경의 악화로 이어지는 악순환을 불러온다. 많은 산업과 서비스가 대도시에 집중되면서 중소 도시와 농어촌 지역에는 대중교통을 바탕으로 하는 교통 접근성이 떨어지고 의료 및 교육 서비스, 문화 여가 시설 등이 부족해져 지역 격차가 심화된다.

 **깊이 들여다보기**

주민참여예산제도

1989년 브라질 포르투알레그리에서 시작된 제도다. 이곳에서는 교통, 교육·문화·레저, 보건·사회복지, 경제개발·조세, 도시조직·환경 분야에서 매년 지역별 회의와 대표자 선출을 거쳐 시 전체의 예산 배분과 사업을 결정하고 선정된 사업의 실행과 결과를 주민들이 모니터링한다. 주민참여예산제도 도입 후 포르투알레그리에서는 상하수도 보급률이 개선되고 저소득층 지역의 사회 인프라가 확충되었다. 이것은 지역 문제 해결을 위한 참여민주주의의 대표적 사례로 평가받고 있다.

지역 문제의 진정한 해결을 위해서는 지속 가능성을 고려해야 한다. 지역의 공간 및 인프라 확충 등의 정책을 일회성으로 추구하는 것은 근본적인 해결책이 될 수 없다. 지역의 자원과 토지, 환경은 제한적이다. 그러므로 지역 문제 해결은 미래 세대의 부담을 줄이고 현세대의 수요를 충족시키기 위한 지속가능한 개발이 기본 토대가 되어야 하며 이를 통해 사회적 형평성과 지역 및 세대 간 통합과 평등을 추구해야 한다.

우리나라 지방자치단체들은 지속 가능하고 개방적인 상향식 의사 결정을 위한 주민참여예산제도를 운영하고 있다. 이 제도는 지방자치단체의 예산 편성과 집행 과정에 지역 주민을 참여시켜 재정 운영의 투명성과 책임성을 높이기 위한 제도다.

교통 문제의 창의적 해결 방법 – 브라질 쿠리치바

사진은 세계적으로 유명한 브라질 쿠리치바의 간선급행버스와 원통 모양의 버스정류장이다. 1974년 세계 최초의 간선급행버스체계인 BRT(Bus Rapid Transit)를 만든 쿠리치바는 대중교통 중심 개발의 성공 사례로 꼽힌다. 간선급행버스체계는 3칸으로 이뤄진 이중굴절버스 또는 일반버스가 원통 모양의 정류장에 정차하는 형태를 갖추고 있다. 사람들은 버스 정류장에서 요금을 선불로 결제하기 때문

쿠리치바의 3중 도로 체계

1970년대에 도입된 쿠리치바의 간선급행버스체계도 사회 변화에 따라 이용률이 하락하는 시기를 겪었다. 2000년대 이후 쿠리치바의 간선급행버스체계는 주요 터미널과 외곽 지역을 연결하는 새로운 간선급행버스 회랑을 건설하고 지능형 교통 체계를 구축하는 등 기반 시설을 개선했다.

에 빠른 승차가 가능하며 정류장과 버스의 높이가 같아서 장애인의 접근성이 매우 높다.

쿠리치바는 인구당 자동차 비율이 높아 교통 혼잡을 줄이기 위한 대안이 필요했다. 이런 상황에서 쿠리치바에서는 기존 대도시들이 선택했던 전철이나 지하철 대신 도시계획가 자이메 레르네르가 제안한 버스 중심의 간선급행버스체계를 선택했다. 1968년에 채택된 이 계획은 1980년에 완공되어 시민들은 고정 요금으로 도시 모든 지점에서 환승이 가능한 버스를 이용할 수 있게 되었다. 쿠리치바는 간선급행버스체계를 위한 3중 도로 체계도 갖추고 있는데, 이는 중앙의 대로를 간선급행버스가 이용하고 양옆의 도로는 일반 차량이 이용하는 일방통행으로 구성하여 버스와 일반 차량 모두의 통행 속도를 높였다. 초기에 시민들은 토큰을 이용했으나 최근에는 전자 발권 교통 카드로 대체되었다. 고령자와 장애인은 할인 카드를 이용할 수 있으며 일요일에는 버스 요금이 50% 할인된다. 주민들이 재활용 쓰레기를 가져오면 버스 이용권으로 교환해 주는 정책은 저소득 계층 주민들이 저렴하게 도심으로 이동할 수 있게 만들어 더 많은 고용 기회를 가질 수 있게 해준다.

생각 넓히기

대도시에서는 많은 차량의 이동으로 발생하는 교통 혼잡이 주요한 도시 문제다. 이러한 교통 문제를 해소하기 위해 대중교통 중심의 교통 정책과 자전거 등 대체 수단을 이용하는 도시들이 많다. 대중교통 중심의 교통 정책은 지하철, 버스, 트램 등을 이용하는 방법이 일반적이다. 쿠리치바의 경우 간선급행버스체계를 통해 버스를 기반으로 지하철 수준의 서비스를 제공한다. 지하철은 정시성과 신속성이 장점이나 건설 비용과 기간이 막대하고 노약자나 장애인의 접근성이 떨어지는 단점도 존재한다. 반면 버스는 접근성은 지하철에 비해 좋은 편이지만, 일반 교통과 섞이면 정시성과 신속성이 매우 낮아진다.

쿠리치바의 간선급행버스체계는 지하철과 버스 양쪽의 장점을 취한 형태다. 간선급행버스체계는 전용차로의 설치와 운영으로 교통 혼잡도와 관계없이 지하철 수준의 정시성을 가질 수 있다. 그와 더불어 시행 중인 정류장 시스템, 버스 우선 신호 체계, 지능형 교통관리 시스템, 환승 체계 및 다른 대중교통과의 연계 등은 쿠리치바 시민들에게 교통의 편리를 제공하고 있다.

보행자 전용 도로 '꽃의 거리'

쿠리치바에는 '꽃의 거리'라는 보행자 전용 도로가 있다. 도심의 상업 지구에 만들어진 이 거리는 우리나라 여러 도시에서 비정기적으로 시행하는 '차 없는 거리'의 모델이기도 하다.

쿠리치바는 혁신적인 대중교통 시스템뿐만 아니라 생태도시로도 유명하다. 해발 약 930미터에 위치한 고산 도시이면서도 분지의 형태인 쿠리치바에는 저지대가 홍수로 침수되는 일이 많았다. 이를 해결하기 위해 하천과 가까운 지역을 매입하여 홍수 시 강물을 가두어 완충 작용을 할 수 있는 호수(유수지)를 만들었다. 또한 주거지에는 전체 면적의 50%에만 건물을 지을 수 있게 하여 드러난 토양 표면이 비를 잘 흡수할 수 있도록 했다.

또한 저소득층 주거지에서 쓰레기 수거가 효과적으로 이루어지지 않는 문제를 해결하기 위해서 재활용 쓰레기를 가져오면 버스 이용권이나 식품 교환권으로 교환해 주는 '녹색 교환' 정책을 실시했다. 이는 쿠리치바의 쓰레기 분리 배출과 재활용율을 높이고 있다. 최근에는 간선급행버스체계의 그린 라인에서 100% 바이오디젤을 사용하는 버스를 운영하고 있으며 빗물을 이용하여 정류장의 온도를 관리하는 시스템도 만들었다.

논문 및 단행본

강재호,『지리레시피』, 황금비율, 2015년

국가법령정보센터,『모든 형태의 인종차별 철폐에 관한 국제협약』, 1979년

마르크스21,『문화와 다문화주의』, 2011년

서울특별시,『세계도시정책동향』, 2012년

앤드루 돕슨,『녹색정치사상』, 민음사, 1998년

연요한,『기독교윤리학의 맥락에서 본 '행복' 개념』, 기독교사회윤리학회, 2011년

윤순옥 등 (역),『McKnight의 자연지리학』, 시그마프레스, 2019년

이광률,『이미지로 이해하는 지형학』, 가디언북, 2021년

이덕희,「하와이 다문화에 한인 이민자도 기여했을까?: 하와이 한인 이민사의 경험과 교훈, 1903~1959」,『아시아리뷰』제4권 제1호, 2014년

재외동포사총서,『다문화주의와 인종주의 그리고 한인 사회』, 2013년

전이수,『이수의 일기』, 헤르몬하우스, 2024년

정장엽·정순관,「한국 다문화가족정책의 정향성 분석: 동화주의와 다문화주의」,『지방정부연구』제17권 제24호, 2014년

제프리 D. 삭스,『빈곤의 종말』, 21세기 북스, 2006년

최준식,『세계 종교 이야기』, 모시는 사람들, 2014년

통계청,『2024 통계로 보는 1인가구』, 2024년

팀 마샬,『지리의 힘』, 사이, 2015년

잡지, 신문 및 방송

경향신문, <1980년 11월 송전탑 시비 환경권 첫 인정>, 2015년 6월 18일

경향신문, <생글생글 691호>, 2021년 1월 18일

넷제로뉴스, <삼성·애플·구글, 부산에서 RE100 해법 논의>, 2025년 8월 7일

동아사이언스, <극단적 선택 조언하는 AI …윤리문제 현실화>, 2025년 7월 12일

동아사이언스, <인간-원숭이 잡종 배아 첫 탄생 장기 이식 연구와 기대와 생명
　　　윤리 우려>, 2021년 4월 16일

매일경제, <눈앞에 펼쳐진 '라푼젤' 수만개 풍등 … 치앙마이 이펭축제 가보니>,
　　　2018년, 11월 28일

매일경제, <사그라다 파밀리아 제치고 '스페인 최고 기념물' 등극한 '이곳'>,
　　　2025년 1월 9일

매일경제신문, <인도인들이 손으로 식사하는 진짜 이유>, 2022년 11월 7일

매일노동뉴스, <한국 육아휴직 사용률 OECD보다 저조>, 2024년 2월 7일

불교신문, <그림 속 불국토(5) 완전한 죽음 : 열반도>, 2018년 3월 12일

서울특별시, <청계천 복개 공사가 진행되는 모습>, 1960년 8월 5일

연합뉴스, <기후위기현장을 가다: 오바마의 그 알래스카 빙하 7년만에 330m
　　　후퇴>, 2022년 9월 25일

연합뉴스, <낳고 싶어도 … 출산휴가·육아휴직 여건, OECD 최하위권>, 2024
　　　년 1월 21일

울산저널, <생활 속의 자연과학 : 海 - 어머니와 같은 바다와 쓰레기섬>, 2023
　　　년 8월 11일

인천투데이, <화산폭발로 사라진 문명과 화산재에 꽃핀 '산토리니'>, 2016년
　　　11월 16일

저출산고령사회위원회, <2024년 결혼·출산·양육 인식조사 결과 발표>, 보도

자료, 2024년 5월 2일

저출산고령사회위원회, <국민이 제안하고, 국민이 뽑았다 ... 저출생·고령화 해법 국민 제안, 우수제안자 시상>, 보도자료, 2025년 5월 16일

조선일보, <최선웅의 고지도 이야기>, 2015년 6월 19일

중앙일보, <사법부 장악 베네수엘라 독재 '선고 붕괴' 속 집권당 압승>, 2025년 5월 26일

충남문화재단 뉴스레터, <문화 다양성에서 나타나는 차이와 차별 그리고 세대의 문제>, 2022년 12월 15일

프레시안, <영국 산업혁명의 요인들>, 2008년 7월 16일

한국주택금융공사 블로그, <주택금융인사이트: 홍콩 공공주택의 발전과 교훈>, 2019년

EBS, <다큐프라임 아이의 사생활-제2부 도덕성>, 2008년 2월 26일

EOM, <La Revolución Industrial en Europa>, 2020년 6월 29일

ERTIWebzine, <생태도시의 교과서가 되기까지, 브라질 쿠리치바>, 2023년 7월 28일

인터넷

사이버범죄 신고시스템(ECRM) https://ecrm.police.go.kr

Epicure & Culture https://epicurevietnam.com

Flicker(?tracyelaine/4646324612)

The New York Public Library Digital Collections https://www.nypl.org

Urban Sustainability Exchange https://use.metropolis.org

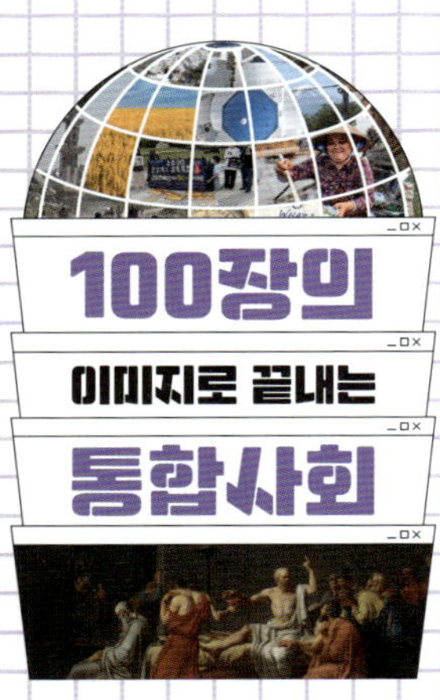

100장의
이미지로 끝내는
통합사회

100장의 이미지로 끝내는
통합사회 1

초판 1쇄 발행 2026년 1월 14일

지은이   전보애, 김인철, 남중선, 범영우, 성정원, 오태훈, 채나미

펴낸이   김선기

펴낸곳   (주)푸른길

출판등록   1996년 4월 12일 제16-1292호

주소   (08377) 서울시 구로구 디지털로 33길 48 대륭포스트타워 7차 1008호

전화   02-523-2907, 6942-9570~2

팩스   02-523-2951

이메일   purungilbook@naver.com

홈페이지   www.purungil.com

ISBN   979-11-7267-071-9 04300

ISBN   979-11-7267-070-2 04300(세트)